Business Field Guid

비즈니스 필드 가이드 핸드북

초판 발행	2007년 7월 20일
개정판	2023년 11월 03일

지은이	모티비전 미디어
옮긴이	박수정
발행처	도서출판 나라
발행인	김명선
주소	경기도 성남시 분당구 탄천상로 151번길 20
전화	02-415-3121
팩스	02-415-0096
등록번호	제11-227호
이메일	narabooks@daum.net
ISBN	978-89-89806-71-4
값	10,000원

Copyright © 2006 by MotiVision Media.
This Korean language edition is published by arrangement with InterNET Services Corporation, USA.
Translation copyright © 2007 by Nara Publishing Co.
이 책의 한국어판 저작권은 InterNET Services Corporation, USA와의 계약에 의해 나라출판사에 있습니다.
한국 내에서 보호를 받는 저작물이므로 무단전재와 무단복제를 금합니다.

* 좋은 독자가 좋은 책을 만듭니다.
* 도서출판 나라는 독자 여러분의 의견에 귀 기울이고 있습니다.

사업으로 사람을 키우는

비즈니스 필드 가이드 핸드북

Business Field Guid

도서출판 나라

1장 · 머리말 Intro

- 이 책을 읽기 전에 · 8
- 서론 · 12
- 필드를 정복할 준비가 되었는가? · 17
- 필드의 가이드가 되기 위한 준비 · 19

2장 · 명단 List

- 5단계 사이클을 반복하라 · 34
- 명단작성 · 37
- 카테고리별로 분류하라 · 41
- 명단 추가하기 · 47

3장 · 컨택과 초대 Invite

- 초대 · 58
- 가장 일반적인 세 가지 질문 · 61
- 초대 예문 · 70
- 확인 예문 · 72

4장 · 사업설명 Show The Plan

- 알아야 할 사항들 · 74
- 최고의 사업설명을 위해 · 80
- 근본적인 동기부여 요인 · 90
- 1번입니까, 2번입니까, 아니면 3번입니까? · 99

5장 · 팔로우스루 Follow Through

- 꿈을 재방문하라 · 108
- 관심도를 결정하라 · 110
- 믿음을 키워라 · 127
- 시작하라 · 129

6장 · 리더십과 복제 Lead

- 리더는 헌신한다 · 134
- 리더십 연속선 · 144
- 꿈의 경기장 · 150
- 충고를 받아들이기 전에 · 155

7장 · Q & A

- 질문에 대한 답변 · 158
- 반대에 대한 답변 · 163

1장

머리말 Intro

이 책을 읽기 전에

서론

필드를 정복할 준비가 되었는가?

필드의 가이드가 되기 위한 준비

이 책을 읽기 전에

「비즈니스 필드 가이드」는 네트워크마케팅 사업의 최고 성공자들이 실제로 적용하는 기술과 테크닉을 한곳에 모아 편집한 것입니다. 이 책에 담긴 정보는 우리 사업의 무수한 리더들이 수년간 익히고 공유했던 것으로, 어느 특정한 한 사람의 노하우가 아닙니다. 당신이 초기 사업자든 혹은 오래 사업을 진행한 사업자든 당신은 이 필드 가이드에서 사업에 도움이 될만한 솔직 명료하고 합리적인 해결책을 찾을 수 있을 것입니다.

주로 기술에 초점을 맞추고 있는 이 책을 제대로 활용하려면 사고 체계가 효율적이어야 합니다. 그러므로「비즈니스 필드 가이드」를 읽으면서 동시에 당신이 속한 그룹의 교육프로그램에 지속적으로 참여하길 권합니다. 더불어 당신보다 경험이 많은 그룹의 리더들과 자주 만나십시오. 누구나 알다시피 챔피언이 되는 가장 빠른 길은 챔피언 주위에 머무는 것이기 때문입니다.

  복제사업에서는 아무리 작은 변화도 커다란 파급 효과를 불러올 수 있습니다. 당신이 하는 모든 행동은 당신의 그룹으로 흘러 들어갈 뿐 아니라, 당신 주변에 있는 모든 사람의 사업에 영향을 줄 가능성이 있습니다. 그러므로 이 책에서 제시하는 정보가 당신의 그룹 리더들의 가르침과 조금이라도 다르다면, 이 책의 정보를 무시하거나 혹은 행동을 변화시키기 전에 스폰서와 그룹 리더들과 반드시 상의하십시오.

  혹시 〈가라데 키드〉라는 영화를 본 적이 있습니까? 그 영화의 주인공은 대니얼이라는 소년인데, 그는 가라데를 배우고 싶어 멘토를 찾아갑니다. 훈련이 시작된 첫날, 그의 사부 미야지는 가라데 동작을 가르치는 대신 차에 광택을 내고 훈련장에 모래를 깔며 울타리에 페인트칠을 하는 등 힘든 잡일만 시킵니다. 물론 소년은 사부가 불러줄 때까지 묵묵히 참아 내며 잡일을 해냅니다. 그러던 어느 날 차를 닦던 대니얼은 화가 폭발했고 사부를 향해 공격해댑니다. 그때 미야지 사부는 그에게 "계속 광택을 내!"라고 말하며 본능적으로 그의 공격을 받아칩니다. "광택을 지워!"

사부는 또 한번 그의 공격을 받아치며 말하죠. 그 순간, 대니얼은 사부의 가르침에 무언가 특별한 방식이 있음을 깨닫습니다. 잡일을 하는 모든 동작에는 나름대로 목적이 있었던 것입니다. 결국 대니얼은 자신이 의식하지 못하는 사이에 가라데의 대가가 되는 방법을 배우고 있었음을 알게 됩니다.

대니얼처럼 처음에는 이 책이나 사업에서의 가르침을 이해하지 못할 수도 있습니다. 리더들이 제시하는 방법을 쓸데없는 것으로 생각할 수도 있습니다. 그러나 스스로 사업을 키워나가다 보면 어느 순간 그 모든 것을 이해하게 될 날이 올 것입니다. 사업파트너들이 당신이 녹초가 되어 나가떨어지는 것을 보고 싶어 하는 것은 아니니 안심하십시오. 그들은 당신에게 이 사업에서 이미 증명된 패턴을 가르쳐 당신이 성공하기만을 바랄 뿐입니다.

「비즈니스 필드 가이드」에서 최대한 많은 것을 얻고자 한다면 밑줄을 긋고 문장을 따라 써보고 암기하고 적용하고 다시 읽으십시오. 모든 기술이 마치 몸의 일부처럼 익숙해질 때까지 충분히 숙지하십시오. 배우는 동시에 배운 것을 실천하면 오랫동안 기억될 것이며 더욱 빠른 속도로 기술을 익힐 수 있을 것입니다.

이 책에서 제공하는 정보를 성공적으로 흡수하고 필드에서 지속적으로 사용한다면, 더욱 크고 훌륭한 그룹으로 빠르고 쉽게 키워나갈 수 있을 것입니다.

서론

 수많은 경제 전문가들이 앞으로 10년간 천만 명의 백만장자가 등장할 것이라고 말한다. 물론 그들은 논리적인 근거와 경제지표를 토대로 그렇게 주장하는 것이다. 특히 세계적으로 저명한 경제 학자 폴 제인 필저는 그들 중 대다수가 직접판매 산업에서 생겨날 것이라고 말한다. 그는 1990년대의 경제 성장과는 비교할 수 없을 정도로 엄청난 성장 환경이 이미 마련되었으며, 인터넷을 효율적으로 이용해 재택산업에 참여하는 이들이야말로 앞으로의 경제 붐으로부터 이익을 얻을 수 있는 완벽한 위치에 놓이게 된다고 주장한다.

 천만 명의 백만장자! 당신은 그들 중 한 명이 될 것인가?

대부분의 사업자와 다르지 않다면 당신은 이미 온라인 쇼핑 트렌드가 미래의 물결임을 확신하고 있을 것이다. 또한 이 사실에 대해 다른 사람에게 꽤 효과적으로 설명할 수 있을 것이다. 당신은 당신의 사업과 그 잠재력에 대해 잘 알고 있으며 다른 이들에게 그것에 대해 설명하는 방법도 알고 있다.

그렇다면, 당신은 원하는 만큼의 결과를 내고 있는가? 당신이 벌어들이는 수입에 만족하는가? 사람들이 변화하도록 영향을 주고 그들이 생산적인 행동을 하도록 동기부여를 하고 있는가?

사람들에게 이 사업의 합리성에 대해 확신을 주고, 회원 등록 서류에 서명하게 하는 데는 영향력이 필요하다. 나아가 이 사업을 자신의 꿈을 추구하는 과정에 접목하도록 하는 데는 전혀 다른 수준의 영향력이 요구된다. 다행히 그러한 영향력은 누구라도 배울 수 있다.

오픈 미팅이 끝난 후, 한 남자가 다가와 이렇게 말했다.
"솔직히 이 사업에서 성공하는 사람은 따로 있지 않습니까? 모든 사람이 당신이 성취한 만큼 이룰 수 있는 건 아니잖아요." 나는 이렇게 대답했다. "맞습니다. 성공하는 사람은 따로 있지요. 가르치는 것을 배울 수 있는 사람과 동기부여가 된 사람들 말입니다."

이 사업에서 성공하려면 사업을 하려는 이유가 있어야 하고, 이 사업을 키우는 방법에 대해 배울 자세가 되어 있어야 한다. 성공 유전자를 따로 갖고 태어나는 사람은 없다. 성공에 필요한 능력은 배움과 경험을 통해 습득되는 것이다. 당신은 이 사업에서 성공하는 데 필요한 모든 '장비'를 이미 갖추고 있다. 용기가 있다면 당신은 이 사업을 키워 꿈꾸던 삶을 살 수 있을 것이다.

잘 생각해 보게, 젊은 친구.
위인들이 갖고 있던 것을 자네도 모두 가지고 있네.
두 팔, 두 손, 두 다리, 두 눈,
그리 영리하지 않아도 쓸 수 있는 두뇌.
그들도 이것을 가지고 시작했지.
그러니 정상을 향해 출발하며 이렇게 말하게.
"난 할 수 있어."
위인과 현자를 잘 살펴보게.
그들은 평범한 접시에 음식을 담아 먹고,

자네의 것과 비슷한 나이프와 포크를 쓰고,
비슷한 끈으로 신발을 묶었지.
세상은 그들을 용감하다, 현명하다고 말하네.
그들이 출발할 때 가진 것을 자네도 모두 가지고 있네.
승리하고 대가가 될 수 있네.
의지만 있다면 자네도 위대해질 수 있어.
어떤 싸움을 하든 자네는 이미 모든 장비를 갖추었네.
팔과 다리, 쓸 수 있는 두뇌가 있잖은가.
위대한 업적을 이룬 이들도 자네보다 나은 것 없이 인생을 시작했지.
자네를 가로막는 장애물은 자네 자신일세.
자네의 자리를 선택할 사람도 자네 자신이지.
어디로 가고 싶은지 말해 보게.
진실을 알기 위해 얼마나 공부할 것인지도 말하게.
신은 인생을 살아가기에 충분한 장비를 주셨네.
하지만 신은 자네 스스로 어떤 사람이 될지 선택하게 하셨지.
용기는 자네의 영혼에서 나와야 하네.
이기고자 하는 의지를 스스로 일으켜야 하지.
잘 생각해 보게, 젊은 친구.

위대한 이들이 갖고 있던 것을 자네도 모두 가지고 태어났네.
그들은 모두 자네가 가진 것을 가지고 시작했지.
그러니 용기를 내 말하게.
"난 할 수 있어."

– 에드거 A. 게스트

  기꺼이 노력해 당신이 이루려는 성공을 꼭 성취하시기를 바랍니다.

– 필드의 리더들

필드를 정복할 준비가 되었는가?

당신이 참여하고 있는 이 사업이 믿을만한 사업인지 아닌지는 더 이상 설명이 필요하지 않다. 사업의 신뢰도에 관한 객관적인 자료와 정보가 곳곳에 널려있기 때문이다. 중요한 문제는 이미 갖춰진 신뢰도를 당신이 실제로 활용할 준비가 되어 있는가 하는 것이다.

다행히 이 사업에서 수입을 창출하는 데는 어떠한 학교 교육도 필요치 않다. 과거에 무엇을 했든 혹은 하지 않았든 그리고 어떤 직업을 선택했든 상관없이 당신이 꿈꾸는 성공을 성취할 수 있다. 당신이 성공하는 데 정말로 필요한 것은 새로운 정보를 배우고 활용하는 것이다. 솔직히 당신이 꿈꾸는 라이프스타일을 누리는 데 필요한 잉여 수입을 창출하는 방법을 미리 알고 있었다면,

이미 그러한 삶을 누리고 있지 않겠는가? 그렇다면 무엇을 배워야 할까? 웹사이트, 제품, 사업플랜은 당연히 배워야 하고 여기에 시간과 돈 그리고 사람을 잘 관리하는 법을 익혀야 한다. 우리 사업의 기반은 무엇보다 대인관계에 있으므로 이 책의 많은 부분을 대인관계 기술에 할애할 것이다. 물론 우리 사업의 제품, 보상플랜은 매우 훌륭하지만, 사업을 키우는 것은 결국 사람이기 때문이다.

 이 사업에는 일반사업과 다른 특이한 점이 있다. 이 사업에서 당신은 독립 자영사업자, 즉 사장이지만 다른 사람들이 당신을 위해 일하는 것은 아니다. 당신에게는 사람들의 실적에 따라 그들을 고용 혹은 해고할 권한이 없으며 누구도 돈을 더 받거나 휴가를 내기 위해 당신의 승인을 받아야 하는 것은 아니다. 당신이 프로스펙트, 소비자 그리고 사업자들에게 미칠 수 있는 유일한 영향력은 스스로 노력해서 얻는 영향력뿐이다.

 그렇다면 '권위'라는 발판도 없이 어떻게 다른 사람에게 영향력을 행사할 수 있을 것인가? 이것이 바로 대부분의 사업자가 난관에 봉착하는 부분이다. 또한 이것은 사업을 얼마만큼 진행했는지에 상관없이 성공과 실패를 나누는 요소이다.

필드의 가이드가
되기 위한 준비

사람들에게 영향력을 행사하는 방법을 배우기 전에 먼저 사람의 본성을 이해할 필요가 있다. 사람들은 대부분 논리보다는 감정을 토대로 결정을 내리는 본성을 지니고 있다. 만약 누군가가 어떤 물건을 권하면서 이렇게 말했다고 가정해 보자.

"길이는 X, 넓이는 Y, 높이는 Z이며 7온스의 무게가 나가는 이 물건의 가격은 19.99달러이며 내일 오후 3시까지 배달됩니다."

어떠한가? 얼른 사고 싶어 안달이 나겠는가? 아마 아닐 것이다. 반면, 잘 알고 또한 믿고 있는 친구가 "어떤 물건이 있는데 사람들을 더 행복하고 건강하며 성공적으로 만들어준다"고 말했다면 어떻겠는가? 그 물건에 대해 더 알고 싶은 마음이 생기지 않겠는가?

신뢰와 공감대, 그 밖에 다른 감정적 요소는 사업상의 결정에서 우리가 예상하는 것보다 훨씬 더 큰 역할을 한다. 논리적으로 따진다면 사람들은 모두 우리 시대의 가장 위대한 사회경제 추세에 따라 '위험이 적은 사업을 통한 수익 창출'을 원해야 한다. 우리 사업은 위험이 거의 없고 사업 방식도 간단하다. 그렇지만 사람들에게 우리의 플랜을 보여주었을 때, 그들 모두가 사업에 참여하는 것은 아니다. 때로는 그 이유가 당신에 대한 감정 때문일 수도 있다.

사람들은 당신에 대한 인식을 토대로 사업 기회를 선택할 수도 있고 또한 버릴 수도 있다. 그들은 어떤 요소를 통해 당신을 인식할까?

이 사람은 믿을만한가? 신용이 있는가? 자신감이 있는가? 이 사람이 정말 나를 도울 수 있을까? 이 사람이 정말 나를 아끼는가? 나는 이 사람을 좋아하는가? 이 사람 주위에 머물고 싶은가?

당신에 대한 사람들의 느낌은 그들이 사업 자체에 대해 느끼는 감정보다 중요할 수도 있다.

지금 당장은 자신감이 없고 능력이 부족해도 상관없다.

자책하지 마라. 당신에게는 좋은 친구들이 있다. 이 사업에서 최고의 성취를 이룬 사업자들 역시 한때는 사회적 혹은 직업적으로 어떤 도전과제를 떠안고 있던 사람들이다. 말을 더듬었던 사람도 있고 사람을 싫어했던 사람, 사람들이 싫어했던 사람, 실패했던 사람, 셀프 이미지가 낮았던 사람도 있다. 하지만 그들은 그것을 딛고 일어나 자신감을 크게 키웠으며 수천 명에게 영향을 주었다.

그들은 과연 어떻게 했을까? 그들의 자신감은 어디에서 비롯된 것일까? 운이 좋아서 우연히 꽤 괜찮은 결과를 얻었고, 그러다 보니 자신감도 생기고 다른 사람에게 영향도 미쳤던 것일까? 실제로 필드에서 성공한 사례를 한두 가지 살펴보며 그들의 성공이 정말로 '운'이 좋아서였는지 알아보자.

레인과 그의 아내 캐시는 레인이 직장에서 더 이상 희망을 찾지 못하자 사업을 시작했다. 사업을 시작한 첫해에 그들은 거의 매일 밤 사업설명을 했다. 그해 말, 그들의 사업은 생각만큼 성장하지 못했다. 이때 그들이 실망하고 주저앉았을까? 대부분의 사람이라면 그랬을 것이다. 하지만 레인과 캐시는 계속 사업을 밀고 나갔다. 다음 해에도 그들은 꾸준히 사업설명을 했다. 그리고

2년째 연말이 되었을 때, 그들의 그룹은 네 배로 성장했다. 만약 당신이 이런 결과를 예상 했다면 포기했겠는가? 3년째 말, 그들은 마침내 리더가 되었다.

레인과 캐시 이야기의 결말을 말해 주기 전에 먼저 로버트와 신디의 경우를 살펴보자. 로버트와 신디는 사업을 시작하고 2년만에 리더가 되었다. 그러나 이후 그들의 사업 볼륨은 줄어들었고, 로버트의 말에 따르면 그들은 매우 좌절했다고 한다.

로버트와 신디는 15번의 사업설명을 하고 결과를 살피며 생각했어요.
'내가 뭘 잘못하고 있는 거지?'
그리고 또다시 15번의 사업설명을 하고 결과를 살폈지요. 이상하게도 한 사람을 얻으면 두 사람을 잃었고, 두 사람을 얻으면 세 사람을 잃었어요. 더욱이 새로 얻은 사람들은 차라리 없는 편이 낫겠다고 생각되는 사람들뿐이었어요! 저는 머리를 쥐어뜯었죠.
"뭐가 잘못된 거야? 내가 무얼 잘못한 거지? 뭐가 잘못되었냐고?"

그러다가 로버트는 어떤 사업자로부터 의심하지 않고 300번의 사업설명을 하면 리더가 될 수 있다는 말을 들었다. 실망스러운 결과에 좌절하고 있던 로버트는 그대로 해보겠다는 결단을 했다. 처음 100번의 사업설명 후, 그의 그룹에 남아 있는 사람은 한 명도 없었다. 매우 실망스러웠지만 300번을 하겠다는 결단을 했기 때문에 그는 계속 사업설명을 했다. 그가 200번의 사업설명을 끝냈을 때 그의 그룹에는 20명의 사업자가 남아 있었다. 여전히 원하던 결과는 아니었지만 300번을 결단한 그는 꾸준히 사업설명을 했다.

이 이야기가 이대로 끝난다면 현재 당신이 처한 상황과 비슷할지도 모른다. 이후 그들은 어떻게 되었을까?

레인과 캐시는 리더가 된 후 2년 만에 성공자가 되었다. 로버트와 신디는 300번의 사업설명을 마쳤을 때 리더의 자리에 올라가 있었다.

그러면 다시 앞의 이야기로 돌아가 보자. 이들의 자신감은 결과에서 비롯된 것인가? 운이 좋았기 때문인가? 절대 그렇지 않다. 자신감은 자기 자신과 자신의 목표를 알고 행동할 때 그 결과로 생기게 된다. 그것은 자기 훈련을 반복한 결과이다.

결과를 내는 능력에 따라 자신감이 생기면, 자신감은 마치 롤러코스터처럼 오르내리기를 반복할 것이다. 그러므로 자신의 위치를 정확히 알아야 한다. 특히 그다지 내세울 결과가 없을 때는 더욱 자신의 위치를 정확히 알아야 한다.

다소 의아할 수도 있지만 대부분의 리더는 영적인 문제와 연관지어 자아를 파악한다. 의심스러울 때 그들은 자신이 목적을 가지고 창조되었으며 어떤 두려움이나 환경, 역경도 그 목적을 성취하는 길을 가로막을 수 없다고 생각한다.

그러한 자세로 앞으로 나아가면 그들의 훈련된 행동이 내면에 자신감을 만들어내는 전환점에 이르게 된다. 그러면 내면에 변화가 일어나고 그들은 더 이상 '내가 무엇을 잘못 했는가?'라고 묻지 않는다. 대신 그들은 자신의 신념을 바탕으로 꿋꿋이 서서 "저 사람들은 무엇이 잘못되었는가? 저 사람들이 이 사업을 알아보지 못한다면 그들은 내 사업에 적당한 인재가 아니야"라고 말하기 시작한다. 그러고는 자신 있게 외친다.

"다음!"

눈에 보이는 결과가 나타나지 않았던 그 세월은 낭비된 것인가 아니면 가치 있는 것인가? 미래의 환상적인 성장에 대비해 리더들을 준비시킨 것은 바로 그 기간이었다. 승리로 가는 길에 부딪히는 그 어떤 것도 정복할 수 있는 힘을 개발해 준 것도 그 기간이었다.

레인과 캐시, 로버트와 신디, 그리고 필드의 여러 리더가 자신감을 키우기 위해 했던 행동을 몇 가지 더 나열해 보겠다.

꿈을 키워라. 모든 것은 꿈으로부터 시작한다. '어떻게'의 뒤에 숨어 있는 '왜'가 바로 꿈이다. 다음과 같이 해보라. 우선 양손의 손등을 한번 보라. 1분 동안 집중해서 보라. 이제 눈을 감고 그 양손이 당신이 꿈꾸는 자동차의 운전대를 잡고 있다고 상상하라. 그 차를 운전하는 당신의 모습을 그려보라. 그 차를 타면서 느끼는 당신의 감정에 흠뻑 젖어보라. 물질적인 것이든 아니든 다른 꿈들도 이처럼 상상해 볼 수 있다.

당신이 건네는 특별한 선물을 받으며 기대에 찬 눈빛을 반짝이는 소중한 사람을 생각해 보라. 당신의 꿈이 무엇이든 실제로 그 꿈을 누리는 것을 상상하며 내면에 일어나는 기분 좋은 느낌을 만끽하라.

  우리의 생각은 어떤 것이 실제로 이루어지는 데 깊은 영향을 미친다. 원하는 것에 더 많이 초점을 맞추면 맞출수록 그것을 우리 삶 속으로 이끌게 된다. 같은 원리로 우리가 싫어하는 것에 초점을 맞추면 맞출수록 더 기분이 나빠지고 실적도 떨어지며 결과적으로 원치 않는 것을 삶 속으로 끌어들이게 된다.

  깔끔한 복장을 하라. 사업을 하는 동안 자신의 스타일을 포기할 필요는 없지만 가능한 한 리더 같은 전문가 수준의 복장을 하도록 하라. 전문가처럼 깔끔하게 옷을 입은 사람은 더 큰 신뢰와 존경, 신용을 얻게 마련이다. 어떤 색상을 골라야 할지, 머리모양이나 화장, 면도 등에 관해 물어볼 것이 있다면 당신이 속한 그룹의 스폰서로부터 자문을 구하는 것도 좋다.

  미소를 짓고 평소처럼 행동하라. 미소를 짓는 사람은 타인에게 보다 쉽게 다가갈 수 있다. 또한 미소는 외모와 사업 결과를 개선할 수 있는 가장 빠른 방법이다. 사람은 내면에 진실할 때 최선의 모습을 보일 수 있다. 평소의 자신과 다른 모습을 보이거나 다른 사람처럼 행동하려 애쓰지 마라. 자기가 할 수 있는 최선의 모습을 보이려고 노력하면 된다.

정리 정돈하라. 소중한 정신을 쓸데없는 것들로 기억을 가득 채우지 마라. 이 사업의 전문가로 활동하는 당신의 두뇌는 생각하는 데 써야 한다. 포켓 캘린더나 플래너를 구해 모든 것을 적어라. 중요한 날짜, 업무, 프로스펙트 리스트, 꿈, 목표, 아이디어 등을 기록하라. 생각을 종이에 더 많이 쏟아부을 수록 머리에는 생각할 수 있는 공간이 늘어난다. 한번 시도해 보라. 안개처럼 뿌옇던 머릿속이 얼마나 맑아지는지를 경험하면 깜짝 놀랄 것이다.

사업할 준비를 하라. 사업설명을 하는 데 필요한 것, 프로스펙트에게 주고 올 지료 등을 항상 갖추고 있어야 한다. 또한 당신에게 힘을 주는 가장 좋아하는 책이나 자료도 항상 갖고 다닌다. 특히 이것은 사업설명 결과가 좋지 않을 때를 대비해서 갖고 다니는 것이 좋다. 한 번도 사용하지 않을 것을 잔뜩 갖고 다니는 것도 좋지 않지만, 꼭 필요한 것이 부족해서도 안 된다.

제품에 대해 배우고 사용하라. 제품은 이 사업을 쌓는 벽돌이다. 그룹에서 제품이 움직이지 않는다면 플랜은 아무런 효과가 없다. 솔선수범해서 제품을 사용하라.

　읽고 듣고 배우기 시작하라. 사람들에게 사업을 전달하면서 옳은 대답, 옳은 태도, 옳은 관점을 갖추고 대처할 수 있는 유일한 방법은 리더들이 권장하는 책과 성공자의 음원을 열심히 읽고 듣는 것뿐이다. 그룹에서는 분명 어떤 종류의 지속적인 교육 프로그램을 진행하고 있을 것이다. 그것을 최대한 활용하라. 당신이 똑똑하든 그렇지 않든 자주 읽고 듣다 보면 당신은 톱 리더들의 지식과 태도, 신념을 얻게 된다. 그러면 당신은 사람들에게 정보를 충분히 갖춘 사업자처럼 보일 것이다. 당신 자신에게는 필요 없을지라도 당신의 그룹에 있는 누군가는 필요로 할지도 모른다. 그러므로 책과 자료에 대한 정보에 항상 귀를 기울여라. 그러면 당신의 그룹에 어떤 책과 자료를 프로모션해야 할지 알 수 있을 것이다.

　목표를 설정하라. 목표는 자신의 한계를 조금은 극복해야 성취할 수 있는 것으로 정하라. 지금, 이 순간에 떠오르는 단순한 목표가 없다면 하던 것을 멈추고 생각을 한 후 수첩에 기록하라. 그런 다음 그 목표에 대해 스폰서와 상의하고 성취하기 위한 전략을 세워라. 단기 목표는 집중하는 데 도움이 되며, 당신이 움직이도록 만든다. 그리고 일단 그 목표를 달성하면 해냈다는 성취감을 느낄 수 있다.

대화의 창을 열어놓아라. 당신이 걸어가고 있는 길을 안내해 줄 수 있는 스폰서와 정기적으로 의사소통을 하라. 그의 충고 한마디가 1주일과 1년의 차이를 만들어낼 수도 있다. 당신이 무엇을 하고 있는지 스폰서에게 늘 알리고 사업을 진행할 때는 걸음 걸음마다 그들에게서 배우도록 노력하라.

스스로 자신감을 키우는 것도 중요하지만, 우리에 대한 다른 사람들의 믿음을 키워가는 것도 중요하다. 따라서 신뢰와 신용을 구축해 줄 수 있는 사업 진행 방식을 배워야 한다. 댄 설리반은 그의 책 「최고가 더 나아지는 법」에서 다음의 네 가지 습관을 들일 것을 제안하고 있다.

1. 정시에 도착하라. 약속 시간에 늦거나 심지어 약속 장소에 나타나지 않으면 상대방의 가장 소중한 재산인 시간을 낭비하게 만든다. 그러면 상대방은 당신에 대해 매우 나쁜 감정을 갖게 된

다. 약속은 반드시 지켜라. 시간에 맞춰 도착하려면 계획을 잘 세워야 한다. 자료는 미리 준비해 두고 약속장소에 몇 분 일찍 도착하도록 하라. 만약 늦거나 약속을 지키지 못할 것 같으면 미리 연락하는 예의를 갖추도록 하라.

2. 말과 행동을 일치시켜라. 거짓으로 "늑대가 나타났다!"를 외쳤던 양치기 소년을 기억하는가? 여러번 늑대가 나타났다고 거짓말을 함으로써 소년은 신용을 잃었고, 마을사람 모두가 그를 멀리했다. 당연히 그럴만했다! 사업을 진행하면서 당신이 하는 말과 행동이 일치할 때 사람들은 당신과 함께 사업을 하고 싶어한다. 약속을 지킬 수 있을지 정확히 모르겠다면 아예 약속을 하지 마라. 약속을 적게 하고 행동을 통해 더 많은 것을 이뤄내는 것이 약속을 계속 지키지 못하는 것보다 백배 낫다.

3. 시작한 일은 반드시 마무리하라. 목표한 것이 있다면 그것을 달성하라. 다른 사람을 돕겠다고 말했다면 도와라. "그들이 그토록 고집이 셀지 몰랐어요" 라거나 "친구들이 말만 앞세울 뿐 사업을 하지 않더라고요"라는 말은 변명에 불과하다. 쉬운 일이나 많은 사람이 하는 일만 하려고 드는 사람은 믿음을 주지 못한다.

쉬운 길을 찾지 말고 옳은 일을 하라. 그리고 시작한 일은 반드시 마무리하라.

4. "해주시겠어요?"와 "고맙습니다"를 애용하라. 요즘엔 많은 사람이 예의범절을 소홀히 하는 경향이 있다. 대부분의 사람들은 예의 바른대접을 받았을 때, 인정받고 존중받고 사랑받는다고 느낀다. 따라서 예절 바르게 행동하는 것은 다른 무리와 당신을 차별화할 수 있는 가장 쉬운 방법 중 하나이다. 당신과 어울리는 사람들에게 예의를 갖추면 그들은 만족감을 느낄 것이고 그러면 더 많은 사람을 소개해 줄 것이다.

2장

명단 List

5단계 사이클을 반복하라

명단작성

카테고리별로 분류하라

명단 추가하기

5단계 사이클을
반복하라

　사업을 키우는 데는 기본적으로 5단계의 실천 과정이 필요하다. 그것은 명단작성, 컨택과 초대, 사업설명, 팔로우스루 그리고 반복(복제)이다. 당신은 이 간단한 다섯 가지 단계를 정복하게 될 것이다. 각 단계의 목표는 제대로 배우고 실천한 후 그 단계를 성공적으로 다른 사람에게 가르치는 것이다. 우리는 배우고 실천하고 가르친다.

　우리 사업의 성격상, 때로는 배우기도 전에 행동해야 하는 경우도 있다. 혹은 준비가 되기도 전에 새로운 사업자를 가르쳐야 할 입장에 놓이기도 한다. 그런 상황에 처한다면 당황하거나 더 많이 알고 있는 척 행동하지 마라. 스폰서를 활용하라. 스폰서는 그럴 때를 위해 존재하는 것이다. 사람들에게 아는 것이 하나도 없다고 말해도 괜찮다. 대신 그들에게 책 혹은 우리 사업을 잘 알고 있는 스폰서를 소개해 주어라.

  새로운 기술을 배울 때는 그 기술을 적용하는 데 숙달되고 자연스러워지기까지 실패를 부끄러워하지 마라. 어떤 시도를 해서 실패했을지라도 그것은 당신이 실패자라는 것을 뜻하지 않는다. 실패는 오히려 당신을 더 훌륭하게 만든다. 우리가 인생에서 배워야 하는 중요한 교훈 중 하나는 이것이다. "어떤 분야에서 전문가가 되기 전에는 반드시 연습과 반복 그리고 경험이 앞서야 한다."

  그러한 행동이 습관처럼 몸에 배고 많은 경험이 쌓이면 이젠 '양'에서 '질'로 초점을 바꿔라.

  다음의 질문에 대답해 보라.

  더 나은 결과를 내기 위해서는 무엇을 더 학습해야 하는가?

  사람들이 부정적인 반응을 보이는가?

  만약 그렇다면 무엇을 바꾸는 것이 좋겠는가?

  사람들이 계속 똑같은 변명을 늘어놓는가?

  그리고 다시 책으로 돌아가라. 무언가 놓친 것이 있는지, 새로 배울 것이 있는지 스폰서와 상담하라.

올바른 관점에서 생각하지 않으면 새로운 것을 배우는 과정은 힘든 경험이 될 수 있다. 이 사업을 진지하게 대하라. 그러나 자기 자신에게는 너무 진지하게 대하지 마라. 마음의 여유를 갖고 즐겁게 생활하며 경험을 통해 개선할 수 있는 능력이 있다는 것을 믿어라.

명단작성

 사업을 진행하는 데 있어서 첫 번째 행동 단계는 종이에 명단을 적는 것이다. 우리 사업은 구전광고 사업이다. 그러므로 이 사업은 한 사람이 다른 사람에게 사업을 전달할 때만 성장할 수 있다. 그 과정은 일반적으로 전화, 개인적인 만남, 이메일, 그 밖에 여러가지 방법을 통해 이루어진다.

 우리 사업은 독특한 특성을 지니고 있다. 예를 들어 당신이 100만 명과 연락하고 싶을 때, 당신은 그들에게 일일이 연락하기 위해 연간 1만 5천 명을 66년간 만나지 않아도 된다. 대신 함께 일하고 일한 만큼 보상을 돌려받는 그룹을 구성하면 된다. 100명의 사람들이 각각 10명의 사업자를 만들고 그들이 각자 한 달에 15번씩 사업 아이디어를 전달하면 5년 6개월 만에 100만

명의 사람들에게 사업을 전달할 수 있다. 이제 이해할 수 있겠는가?

그렇다면 우리는 왜 종이에 사람들의 이름을 적어야 하는가? 만날 수 있는 사람들이라면 굳이 귀찮게 적을 필요가 있는가?

우선, 정보를 머릿속에 쌓아두는 것보다 종이에 적어서 생각할 수 있는 두뇌 공간을 확보하는 것이 좋다. 예를 들어 누구에게 전화를 했고 사업설명을 했으며 자료를 전달했는지 등은 반드시 기록을 해두어야 한다. 명심하라. 우리는 사교모임을 하는 것이 아니다. 우리는 사업을 하는 것이다.

당신의 그룹에 새롭게 참여하는 신규 사업자에게도 명단을 적는 과정을 가르쳐야 한다. 왜 그럴까? 당신 그룹의 잠재적 리더 혹은 당신을 리더로 만들어줄 누군가가 그들이 종이에 적은 명단에서 나올 가능성이 크기 때문이다. 제정신을 가진 사업자라면 분명 그 중요한 것을 최대한 활용할 것이다.

그냥 내버려 두면 대부분의 사람은 절대로 명단을 적지 않는다.

그냥 내버려 두면 명단을 적는 사람도 10명 이하의 이름만 적고 만다.

그냥 내버려 두면 그 10명도 그들이 알고 있는 사람 중 가장 성공하지 못한 사람일 것이다.

 그냥 내버려 두면 그 사람들은 가르침을 잘 받지도 않고 동기부여도 되지 않으며 결국 사업을 하지 않을 것이다.

 그렇게 되면 당신의 그룹은 성장하지 못한다. 그러므로 명단 작성 방법을 배우고 실천하고 가르쳐서 당신의 그룹을 성공으로 이끌어라.

 사람들이 명단을 적도록 돕는 것은 간단한 일이지만, 그것은 아주 중요한 일이다. 사람들로 하여금 자신이 알고 있는 모든 사람의 이름을 적게 하라. 당신이 찾는 사람들은 'PHD'이다. 그것은 자기가 원하는 라이프스타일대로 살지 못하는 사람(Poorer than they want), 배고픈 사람(Hungry), 그리고 자신의 상황을 바꾸겠다는 확고한 의지(Determined to change their situation)가 있는 사람이다.

 절대로 미리 판단하지 마라. 때로 사람들은 자기 기준에서 볼 때 '모든 것을 다 가진 것처럼 보이는 사람'의 이름을 적지 않으려 한다. 기억하라. 누군가가 당신이 원하는 것을 모두 가졌다고 해서, 그들 자신이 원하는 것을 다 가졌다고 생각하는 것은 아니다. 누군가가 가진 게 별로 없다고 해서 그들에게 야망이 없는 것도 아니다. 이 사업 기회를 보기 전까지 그들이 실제로 어떤 행동을 할지는 아무도 모른다.

카테고리별로 분류하라

 사회에 발을 내디딘 성인이라면 누구나 명단에 적을 수 있는 사람이 적어도 200명은 될 것이다. 그러나 '알고 있는 사람을 모두 적으십시오'라는 말을 들으면 막연한 느낌이 들어 아무 생각도 나지 않게 된다. 우리의 두뇌는 정보를 분류해서 보관하는 경향이 있으므로 사람들을 카테고리별로 나눠서 생각해 보는 것이 기억을 떠올리는 데 훨씬 도움이 된다. 친구, 가족, 직장, 학교, 체육관, 운동, 협회, 클럽, 아이들 스포츠팀, 네트워킹 그룹, 온라인 커뮤니티, 이웃, 교회/절, 문화 등의 카테고리로 분류해 명단을 적어보라. 최소한 세 개의 카테고리를 정하고 그에 해당하는 사람들의 명단을 적는 것이 좋다.

 여기에 기억하는 데 도움이 될 만한 카테고리/직장이 있다.

- 항공사/여행/휴가
- 팀/운동/코치
- 세일즈/서비스/보험
- 은행/주식/대출
- 레스토랑 직원/외식
- 체육관/트레이너/영양사
- 교육자/선생님/직원
- 미용사/네일케어
- 컴퓨터/IT/소프트웨어
- 음악가/음악
- 육성회 회원/학부모
- 부동산
- 트럭/택시/버스 운전기사
- 주택 개조
- 법/변호사
- 베이비시터/가정교사
- 건설/제조/유통
- 치과의사/위생사
- 의사/간호사/약사
- 소방관/경찰/보안
- 주택관리/정비
- 군인
- 택배/우편 서비스
- 교회/목사/종교인
- 학교/학생
- 웨딩

 첫 번째 카테고리로부터 시작해 머릿속에 떠오르는 사람의 이름을 모두 적어라. 아무리 생각해도 더 이상 생각나지 않으면 다음 카테고리로 넘어가라. 이렇게 모든 카테고리에 이름이 다 찰 때까지 반복하라. 예를 들어 직장이나 직업 카테고리를 선택했다면, 이 명단에 포함될 사람들은 사무실이나 다른 장소에서 함께 일하는 사람들일 것이다. 다른 부서에서 근무하는 사람들처럼 업무 관계로 만나는 사람들이나 영업사원, 회계사, 회사 주변 가게 주인 등도 여기에 포함시 킬 수 있다.

  만약 당신이 식당에서 일한다고 가정해 보자. 그러면 '직장' 카테고리에는 다음과 같은 사람들이 포함될 것이다.
- 단골손님
- 배달하는 사람들
- 매장 매니저
- 식품 판매인
- 홍보/광고 대표
- 주방 직원과 테이블 치우는 직원

  우리는 보통 나름의 방법으로 아는 사람들의 연락처를 정리해 둔다. 가장 일반적인 방법이 휴대전화에 입력해 놓는 것이다. 또한 이메일이나 SNS를 이용할 수도 있다. 만약 최근에 졸업을 했거나 생일파티, 결혼식 혹은 가족 모임 때문에 이미 작성된 명단을 갖고 있다면 그것을 활용하라.
  최초의 명단에는 각 카테고리에 적어도 10명 이상의 이름을 적어라. 더 많은 이름이 생각난다면 그들 모두를 적어라. 10명씩 이름을 적은 카테고리 세 개로 끝내지 마라. 아는 사람의 이름을 모두 적었다면, 다시 처음의 카테고리로 돌아가 적어 놓은 이름을 살펴보라. 그리고 자문하라.

그 그룹에서 가장 영향력 있는 인물은 누구인가? 다른 사람에게 가장 신용이 좋은 사람은 누구인가? 사람들이 경청하고 자문을 구하기 위해 찾는 사람은 누구인가? 모임을 조직하는 사람은 누구인가?

그들의 이름을 가장 위에 올려놓아라. 각 카테고리에 있는 명단을 영향력을 기준으로 우선순위를 정하라. 지역을 기준으로 우선순위를 정하는 것도 좋다. 처음 사업을 시작했을 때는 한 시간 운전거리 이내에 사는 사람들과 사업을 하는 것이 효율적이기 때문이다.

우리 사업에서 명단은 자산이 될 수도 있고 반대로 부채가 될 수도 있다. 명단에 이름이 아주 적거나 없으면 믿음과 태도, 자세에 피해를 주는 부채가 될 수 있다. 물론 명단에 이름이 충분히 있다면 그것은 자산이 된다. 이름이 많이 적힌 명단은 하고자 하는 의욕을 북돋워 주고 믿음과 자신감을 키워준다. 또한 그룹에 새로 들어온 사업자에게 동기부여를 하는 데 활용될 수도 있다.

신규 사업자가 당신의 명단에서 자신이 속해 있던 카테고리에 다른 많은 사람이 있는 것을 보고 그들로부터 도움을 받을 수 있다고 생각하면, 훨씬 더 열정적인 팀 플레이어가 될 수 있다.

 명단작성의 목표는 단순히 명단을 작성하는 데서 끝나는 것이 아니다. 명단은 항상 역동적으로 움직이며 지속적으로 바뀌어야 한다. 즉, 계속 이름을 지워나가고 동시에 새로운 이름을 추가해야 하는 것이다. 자주 명단을 살펴보고, 지운 이름을 없앤 후 매달 한 번씩 새로 적는 것이 좋다. 새로운 사람이라는 생각으로 전화를 했는데 이미 거절했던 사람인 상황은 피하는 것이 좋지 않겠는가? 명단을 눈엣가시로 만들지 마라. 항상 새롭게 유지하고 미래의 잠재력에 초점을 맞춰라.

 (Leader Stories) 사업을 시작한 순은 일주일 안에 휴대전화에 저장되어 있던 사람 대부분에게 연락해 그들을 사업설명회에 초대했다. 그런데 그는 가장 성공한 세 명에게는 전화를 걸지 않았다. 그들이 별로 신뢰하지 않을 것이라는 생각에 순은 결과를 좀 낸 후에 그들에게 사업에 관해 이야기를 할 계획이었다. 그는 그해에 처음으로 전화했던 사람들과 사업을 진행하면서 무언가 결과를 내려

고 애썼지만 그다지 성과가 없었고 좌절감에 빠지고 말았다. 어느 주말, 세미나에 참석한 그는 리더가 하는 강연을 듣고 나서 전에 전화하기를 주저했던 세 명에게 연락할 결심을 했다. 그 세 사람은 모두 사업에 등록했고 그들 중 두 명이 18개월 만에 상위 핀을 달성했다. 그러자 나머지 그룹의 사람들도 새롭게 시작한 사람들이 성장하는 모습을 보며 열정에 불이 붙었다.

그다음 해에 숀은 네 개 그룹의 리더가 되었다.

명단 추가하기

 사업설명을 듣고 이 사업을 하겠다고 결심 하는 사람이 없어서 사업을 포기하는 것은 아니다. 사람들이 포기하는 이유는 사업설명을 할 대상이 충분하지 않기 때문이다. 다시 말해 명단이 바닥난 것이다. 하지만 엄밀히 따져 명단은 바닥날 수가 없다. 단지 명단에 이름을 추가하는 방법을 배우지 못했을 뿐이다. 낯선 사람에게 다가가 "안녕하세요"라는 말로 대화를 시작해 보라. 나아가 그들이 찾고 있는 것이 무엇인지에 대해 몇 가지 질문을 할 수 있다면, 이 사업에서 명단이 바닥나는 일은 절대로 없을 것이다.

무한한 명단 = 희망에 차 열정이 넘치는 사업자
메마른 명단 = 궁핍한 사업자

명단이 궁핍해지면 자신감과 믿음이 떨어지며, 애걸하고 비굴해지고 짜증 내고 엉뚱한 사람에게 화를 내게 된다. 항상 명단에 새로운 이름을 추가해 파이프라인을 가득 채워라. 당신의 그룹에 있는 사업자들에게 명단에 이름을 추가하는 것이 얼마나 쉬운지 보여주는 것도 좋은 생각이다.

 새로운 사람을 만나는 방법 중 하나는 사업설명을 들은 사람들이 거절했을 때, 다른 사람들을 소개받는 것이다. 당신처럼 당신의 명단에 있는 사람들도 많은 사람을 알고 있다. 당신이 아는 사람이 기회를 찾고 있든 아니든 그들이 알고 있는 사람 중에는 기회를 찾고 있는 사람이 있을지도 모른다. 그렇다면 소개를 부탁하지 못할 이유가 어디 있는가? 가령 당신의 명단에 200명이 있다고 해보자. 그들 중 4분의 1만 한 사람씩 소개할지라도 50명이 된다! 전혀 모르는 사람 50명을 사귀는 것보다 소개할 수 있느냐고 물어보는 습관을 들이는 것이 더 쉽지 않겠는가?

 프로스펙트를 존중하며 예의 바르게 행동했다면, 그들은 분명 당신에게 아는 사람을 소개해 줄 것이다. 소개할 수 있는지 물어볼 때는 이렇게 말하는 것이 좋다.

"존, 수, 두 분은 이 사업에 맞지 않는 것 같네요. 괜찮습니다. 제가 말씀드렸듯 앞으로 2주 안에 그 자리에 맞는 사람을 찾으려고 하는데, 혹시 주변에 한 달에 추가 수입 버는 데 관심이 있는 분이 있나요?"

그들에게 아는 사람이 있는지 없는지는 중요하지 않다. 중요한 것은 계속해서 소개를 받으려고 질문을 하다 보면 결국은 소개를 받게 된다는 사실이다.

이제 엉덩이를 떼고 문밖으로 나가 새로운 사람들을 만나는 것에 대해 이야기해 보자. 스스로 당신을 찾아와 명단에 올려달라고 말하는 사람은 아무도 없을 것이다. 그렇기 때문에 당신이 집 밖으로 나가야 한다. 집안에 틀어박혀 있지 말고 새 자동차나 집, 가구, 텔레비전, 컴퓨터, 옷 아니면 하다못해 할인점으로 벌레 잡는 약이라도 보러 가라. 무엇을 보러 가든 상관없다. 중요한 것은 사람들 주변으로 다가가야 한다는 것이다.

어떤 모임에 초대받으면 무조건 참석하라. 결혼식, 졸업식, 세례식, 바비큐 파티, 휴가 파티, 아이들 놀이 모임 등 어떤 것이라도 상관없다. 시사회, 주택 전시, 축제 등 거주지역에서 일어나는 이벤트에도 참여하라. 가능한 한 많은 모임에 나가고 체육관이나 클럽에도 가라. 모르는 사람에게 말을 걸겠다는 의도를 가지고 어디든 가라.

 빈둥거리며 앉아서 아는 사람이 아무도 없다고 불평만 늘어놓는다면 당신은 실패할 가능성이 크다. 당신 주변에서 얼마나 많은 사람이 삶을 영위하고 있는지 아는가? 그들 중에는 기회를 찾고 있는 사람도 많다. 가는 곳마다 사람들을 만나는 습관을 들이면 일부러 '프로스펙트'를 찾으러 다닐 일은 없을 것이다. 문을 나서는 순간 밝은 미소를 지으며 "안녕하세요"라고 말하라. 발을 질질 끌면서 세상의 온갖 고민을 다 짊어진 듯한 표정을 짓지 마라. 허리를 펴고 미소를 짓고 활기차게 걸으며 에너지를 발산하라. 그리고 사람들과 눈을 맞춰라. 그것이 당신의 본래 모습이 아니라고 느껴진다면 그런 척 연기라도 하라.

 당신이 추하든 아름답든, 뚱뚱하든 말랐든, 키가 작든 크든, 젊었든 늙었든 상관없다. 그런 사람중에 적극적으로 사람들을 사귀어 크게 성공한 연예인, 운동선수, 정치가, 부유한 사업가가 아주 많다. 중요한 것은 당신의 태도이며 접근성이다. 자신이 영향력 있는 사업가처럼 느껴지지 않는다면, 그런 것처럼 연기하라. 연기를 하다 보면 성격도 닮아가게 된다.

사람들에게 훌륭한 첫인상을 남기는 방법은 간단하다. 대화를 시작해 몇 분 안에 미소를 지으며 손을 내밀어라. 그리고 상대방의 눈을 바라보며 "제 이름은 ○○○ 이에요, 당신은?"이라고 말하라. 이 간단한 행동은 자신감과 전문성을 내보이는 동시에 다른 사람을 배려하는 모습을 보여준다.

악수를 할 때는 엄지와 검지 사이의 피부가 서로 맞닿도록 손을 잡고 어깨에서부터가 아닌 팔꿈치에서부터 두 번 흔들어라. 물에 불은 국수 가락처럼 흐느적거리는 악수나 부서질 듯 꽉 잡는 악수는 무언가 모자란 듯한 느낌을 주게 된다. 악수는 확고하면서도 어느 정도 상대방의 강도에 맞춰서 하는 것이 좋다.

대화를 시작하는 것은 어렵지 않다. 사람들은 자신에 대해 이야기하는 것을 좋아하므로 질문이나 진솔한 칭찬으로 말문을 열어라. 누가 보아도 명확한 것에 대해 먼저 말하라.
"차가 멋지군요. 운전해 보니까 어떠세요?"
"넥타이가 멋진데요. 어디서 사셨어요?"

"점심이 늦으셨네요?"

"커피 한잔하시려고요?"

"댁의 자녀분들인가요?"

"오늘 일이 잘 안 풀리세요?"

결코 첨단과학 기술에 관해 이야기하는 것이 아니지 않은가? 특히 문장을 질문으로 마무리하면 대화가 이어지게 된다. 상대방이 반응을 보이지 않거나 별로 말하고 싶어 하지 않는다면, 얼른 그 자리를 떠나 대화할 다른 상대를 찾아라.

상대방이 찾고 있는 것이 무엇인지 정확히 확인하지 않은 채 본론으로 들어가면 시원찮은 반응을 얻게 된다. 사람들 사이를 뚫고 다니며 "안녕하세요. 만나서 반갑습니다. 무슨 일을 하시죠? 좋아요! 추가 수입을 벌 수 있는 방법을 찾고 있나요?"라는 식으로 말하는 것은 금물이다. 성급하게 너무 많은 것을 들이대는 것은 좋지 않다. 잠깐 멈춰 서서 속도를 늦춰라. 지나치게 서두르면 조금 열렸던 프로스펙트의 마음의 문은 쾅 하고 닫히고 만다.

프로스펙트를 찾는 일은 숫자 게임이다. 많은 사람에게 말을 걸면 최소한 몇 명은 찾을 것이다. 하지만 프로스펙트를 찾는 일은 사람들이 좋아할 만한 자세를 갖추고 도리에 맞게 진심으로 대해야 하는 게임이기도 하다. 그러므로 먼저 당신에게 이상적인 프로스펙트는 어떤 사람인지를 정의하고 그런 사람들을 찾아라. 새로운 만남을 두려워하는 사람은 성공한 자동차 세일즈맨처럼 자신도 그렇게 대인관계 기술에 뛰어나야 한다고 생각한다. 하지만 그건 오해다. 누구나 성공적으로 명단에 이름을 추가할 수 있고, 오히려 자동차 세일즈맨처럼 능숙해 보이지 않는 것이 당신의 장점이 될 수도 있다.

새로운 사람을 만났을 때 무슨 일을 하는지 물어보라. 그 분야에서 일하게 된 이유는 무엇인가? 지금 하는 일을 즐기는가? 그리고는 귀 기울여 들어라. 상대방이 이 사업을 해야만 하는 이유를 억지로 갖다 붙이려고 하지 마라. 그 사람 스스로 왜 무언가를 찾고 있는지 말하게 하라. 예를 들어 전통적인 사업을 하는 사람과 대화한다고 가정해 보자.

"자기 사업을 하면 무척 자유로워서 좋으시겠어요?"

이 경우, 대부분의 사람은 이런 수준의 대답을 할 것이다. "글쎄요, 꼭 그런 것만은 아니에요." 이 순간 당신은 자신의 의견을 말하는 대신, 잘 모르는 척하며 "정말요? 왜요?"라고 물어라. 기회를 얻은 상대방은 왜 자기가 하는 일이 자유롭지 못한지에 대해 말해 줄 것이다. 그의 이야기가 끝나고 나면 당신은 그가 정말로 하고 싶은 일이 무엇인지를 물어보면 된다.

상대방이 무언가를 찾고 있고 그 이유가 무엇인지 알게 된 후에는, 우리 사업을 한번 살펴볼 생각이 있는지 물어본다. 자유로운 시간이 없어서 기존 사업이 싫다면, 잉여 수입을 창출해 시간적 자유를 누릴 수 있는 방법을 찾는 데 관심이 있는지 물어볼 수 있을 것이다. 상대방이 원하는 것에 초점을 맞춰 사업설명을 하면 훨씬 더 큰 관심을 불러일으킬 수 있다.

모든 사람이 '시간'과 '돈'을 원한다고 단정 짓는 실수를 범하지 않도록 조심하라. 다른 것에 의해 동기부여를 받는 경우가 많이 있기 때문이다. 중요한 사람이 되는 것, 우정, 동료애, 재미, 새로운 도전, 다른 사람을 돕는 것, 건강을 증진시켜 줄 제품, 일상을 좀 더 간편하게 만들어줄 서비스 등 다양한 이유가 있다.

모든 사람이 이상적인 프로스펙트는 아니다. 그러므로 가능한 한 가르침을 받을 수 있고 동기부여가 되어 있는 사람들을 찾는 것이 좋다. 인생에서 무언가를 바꾸거나 개선하려는 욕구가 있는 사람, 자신이 원하는 것을 위해 기꺼이 노력하려는 의지가 있는 사람이 바람직하다. 이런 점을 염두에 두고 질문을 하면, 사람들이 무언가를 찾고 있는지 아닌지 몇 분만 대화해도 금방 알 수 있다. 만약 상대가 당신이 찾고 있던 사람이라면, 그때는 편안한 마음으로 상대방에게 이 사업을 한번 살펴볼 생각이 있는지 물어보면 된다. 사람들이 "그 사업에 대해 좀 더 말해 주세요"라고 말하면, 제대로 되고 있다고 생각하면 된다. 그들이 당신의 그룹에 영원히 참여하지 않을 수도 있지만, 당신이 먼저 그들에 대해 진지하게 관심을 보였기 때문에 그들도 당신을 더 알고자 하는 관심이 생긴 것이다.

사람들에게 이 사업을 소개하는 또 하나의 좋은 방법은 제품으로 대화를 이어가는 것이다. "○○좋아하세요?"라는 질문은 회사에서 판매하는 제품에 대한 대화로 이어질 수 있다. "○○에 대해 들어본 적 있으세요?"라고 물으면 쉽게 회사의 제품에 대해 대화를 시작할 수 있다. 상대방이 제품에 관심이 있다고 판단되면, 그 제품의 판매 수익을 얻을 수 있는 방법에 관해서도 관심이 있는지 물어보면 된다.

누구에게 사업설명을 할 것인지를 결정하는 사람은 바로 당신이다. 가족과 함께 집에서 시간을 보내는 대신 기름값을 들여가며 누군가와 마주 앉아 사업을 전달하기로 결정하는 사람도 당신이다. 그러므로 누군가에게 사업설명을 하기 전에 시간을 들여 상대방이 무언가를 찾고 있는지 아닌지를 먼저 판단하지 않았다면, 그들이 거절했을 때 탓 할 수 있는 건 당신 자신뿐이다. 그들이 이 사업을 하지 않는다고 해서 원망하지 마라. 그 원인은 그들이 처음부터 무언가를 찾고 있지 않았거나 당신의 사업설명이 부족했기 때문이다. 결국 이 사업에서 당신의 시간을 낭비하는 사람은 그들이 아니라 당신이다.

3장

컨택과 초대 Invite

초대

가장 일반적인 세 가지 질문

초대 예문

확인 예문

초대

 이 사업에서 두 번째 행동 단계는 지구상에서 가장 멋진 사업 아이디어를 보여주기 위해 사람들을 초대하는 것이다! 이 단계를 '컨택' 이라 부르기도 한다. '초대'는 매우 중요한 단계로 이어지는 과정이며 사업 결과에 직접적인 영향을 준다. 따라서 이 분야에 대한 자신감을 키우는 것은 매우 중요하다. 본연의 모습을 지키고 즐겨라. 준비하고 또 준비하라.

 프로 미식축구팀의 코치가 처음 들어온 선수에게 팀의 공격과 수비를 그림으로 그려놓은 플레이북을 주면서 "첫 번째 경기는 패트리어트 팀과 한다. 이 책에 나온 공격과 수비를 완벽하게 마스터하도록 해. 자, 경기 때 보자"라고 말했다면, 그것은 틀림없이 잘못된 방법이다. 말로만 가르치면 금방 잊고 만다. 보여주면 기억할 수도 있다. 스스로 연습하게 하면 이해하게 된다.

 매우 중요한 이 단계에서 모험하지 마라. 사업을 처음 시작한 사람들은 당신에게 무슨 말을 해야 하는지 이미 알고 있다고 할 것이다. 특히 전화를 거는 일을 많이 해본 사람들은 더욱 그럴 것이다. 그 말을 믿지 마라. 그들이 정말로 전화를 거는 데 능숙하다면 당신과 롤 플레이를 하는 동안 그것이 드러날 것이다. 우리 사업은 사람들이 쉽게 이해하지 못하므로 당신은 항상 신규 사업자가 얼마나 제대로 준비되었는지 점검해야 한다. 그렇지 않으면 그는 실패할 확률이 높다.

 초대하기 위한 준비를 하려면 먼저 쉽게 따라 할 수 있는 대본을 써라. 기초적인 대화의 예를 들어보겠다.

 1. 먼저 시간을 확보한다.
"내가 통화하기 곤란할 때 전화한 건 아닌지 모르겠네? 잠깐 통화할 수 있어?"

 2. 전화를 건 목적을 말한다.

"내가 요즘 사업을 확장하고 있는 친구와 함께 일하고 있거든."

3. 무엇을 찾고 있는지 밝힌다.

"그 친구가 핵심 인물을 몇 명 찾고 있어. 수입이 괜찮고 스케줄에도 무리가 없으면 비즈니스 아이디어를 살펴볼 생각이 있어?"

4. 약속을 정한다.

"저녁이 좋겠는데 이번 주에는 무슨 요일에 약속이 있어?"

5. 약속을 확인한다.

"나는 달력에 표시했는데, 너도 표시했어?"

그밖에 다음 세 가지의 가장 일반적인 질문에 대한 대답도 적는다.

가장 일반적인
세 가지 질문

"뭔데?"

"더 자세히 말해 줄 수 있어?"

"요즘 무척 바빠서 시간이 없는데, 어쩌지?"

이 세 가지 질문에 대해 명확한 답변을 찾아내지 못했다면 당신은 아직 초보자에 불과하며, 당신이 조금이라도 성공했다면 그것은 순전히 운이 좋았기 때문이다.

전화할 때의 대화 사례와 질문에 대한 답변이 적힌 대본을 들고 사업자들과 각자 역할을 맡아 롤 플레이를 해라. 여러 번 연습하면 긴장이 풀리고 실제로 전화 통화를 할 때 훨씬 자연스럽게 대화를 이끌어갈 수 있을 것이다. 쉽게 답변을 찾을 수 있도록 큐 카드를 만들어 눈앞에 놓고 통화를 하는 것도 좋은 방법이다. 큐 카드란 초대를 할 때 사람들이 가장 일반적으로 하는 질문과 반대에 대한 대응 방법을 적은 카드를 말한다.

 전화를 걸면 먼저 시간을 확보하라.
"통화하기 곤란할 때 전화한 거 아냐? 잠깐 통화할 수 있겠어?"
 통화하기 어려울 때 전화를 걸었다면, 간단히 물어볼 것이 있으니 언제 전화를 하면 좋은지 물어보라. 상대방이 전화를 걸어줄 때를 기다리면 상대방이 잊을 수도 있고 여러 날이 지나서야 전화를 걸어올 수도 있으므로 당신이 전화를 걸어 시간을 통제하는 것이 좋다. 전화를 걸었을 때, 자동응답으로 연결된다면 간단한 메시지를 남겨야 한다. "여보세요, 나 ○○○인데, 물어볼 게 있으니까 전화해 줘." 자동응답 메시지를 남길 때는 더 이상 긴말을 하지 마라.

 통화를 할 때는 짧게 요점만 말하라. 실제 약속에 앞서 긴 대화를 나누면 사업이 그리 대단하지 않은 것 같은 인상을 주게 된다. 처음부터 통화할 시간이 1, 2분밖에 없다고 밝혀라. 그렇게 말하면 상대방은 당신이 그냥 심심풀이로 전화한 것이 아니라는 것을 알 수 있다.

신규 사업자들은 사업설명을 하기 위한 약속을 정하는 것이 아니라, 어떤 반응이 나오는지 보기 위해 가벼운 대화를 하다가 사업 설명을 하는 실수를 범한다. 첨벙 뛰어드는 대신 막대기로 쿡쿡 찌르다 보면 당연히 좋지 않은 결과를 얻게 된다.

초대의 목표는 초대에서 끝난다는 것을 기억하라. 정보를 제공하는 것이 아니라 어디까지나 초대이다. 사업을 설명하기 위해 전화를 거는 것이 아니다. 단지 약속을 정하기 위해 전화한 것이다. 그들은 약속 장소에서 정보를 얻어야 한다.

통화를 하는 동안 한두 가지의 질문에 대답하는 것은 괜찮다. 그러나 자신도 모르게 사업에 대해 장황하게 늘어놓게 되는 덫에 걸리지 않도록 조심하라. 당신에 대해 잘 아는 사람일수록 굳이 전화로 알고 싶은 것을 알아내려고 고집을 피울 것이다. 그것에 대비하라. 어떤 대화에서든 질문을 하는 사람이 대화의 주도권을 쥐게 된다. 그러므로 질문에는 질문으로 응답해 주도권을 다시 쥐도록 하라.

대화의 주도권을 다시 쥐는 데 도움이 될 만한 훌륭한 질문을 몇 가지 살펴보자.

상대방의 말이나 질문	질문에 대한 질문
내가 할 수 있을지 모르겠어.	왜 그렇게 말하는데? 정확히 뭘 못할 것 같아?
나는 월마트에서 쇼핑하는 게 더 좋아.	그런 데서 쇼핑하지 않는 수백만 명을 통해 돈을 버는 것은 어때?
지금 당장은 아무것도 살펴볼 시간이 없어.	수입이 괜찮다면, 시간을 낼 수 있겠어?
좀더 자세히 얘기해 줄 수 있어?	그럼, 내가 사업개요를 가져갈게. 이번 주에는 무슨 요일 저녁에 약속이 있어?
좀더 자세히 얘기해 줄 수 있어?	내가 전문가가 아니라서 말이야. 내가 이 사업을 담당하고 있는 전문가를 소개시켜 줄게. 화요일 저녁에 시간 있어?
나는 별로 관심이 없을 것 같아.	어떤 것에 관심이 없을 것 같은데?
뭔데?	돈 버는 일이지. 관심 있어?
그런 거 전에 들어본 것 같은데.	나한테서? 정확히 어떤 것이었는데?

 가령 한 번도 해변에 가본 적 없는 친구가 있다고 해보자. 그는 해변의 사진을 본 적도 없다. 그런데 당신은 그 친구에게 해변에 대해 알려주면 그가 해변을 좋아할 것임을 알고 있다. 이때, 당신이 해변에서 가져온 바닷물 몇 컵과 모래 한 줌을 넣은 병을 친구에게 주면서 해변을 설명한다면 어떻게 될까? 아마도 그 친구는 병을 들여다보며 몇 번 흔들어보고는 당신이 정신 나간 것 아닌가 하는 눈초리로 쳐다볼 것이다.

 생각이고 뭐고 할 것도 없이 그 친구는 병을 돌려주며 말한다.

"됐어. 그런 것에 별로 관심이 없어." 왜 그럴까? 그것은 그 친구가 병 속에 들어 있는 것으로만 판단을 했기 때문이다. 물론 그것은 해변에서 직접 가져온 것이다. 그렇지만 그것은 해변의 극히 일부분일 뿐이다.

전화로 사업을 설명하는 것도 친구에게 모래와 바닷물이 든 병을 건네는 것과 같다. 그들은 이해하지도 느끼지도 보지도 못할 것이다.

누군가를 미팅에 초대하기 위해 전화를 걸 때 물어보라.
"이번 주에는 무슨 요일에 약속이 있어?"
미팅이 있는 날 상대방이 이미 약속이 있다면, 이렇게 말하라. "그래, 그거 안 됐군. 다음 주에 전화할게. 다른 날 만날 수 있는지 한번 보자고." 상대방의 호기심을 자극한 채로 그대로 둔다면, 대체 무슨 일을 꾸미는지 알아내기 위해서라도 다음 미팅에는 참석할 것이다. 만약 일대일 미팅을 잡을 생각이라면 먼저 대본대로 하고 그다음에 만날 시간을 정하라.

질문을 할 때는 "예"혹은 "아니오"로 대답할 수 있는 것보다, 선택의 폭이 넓은 질문을 하는 것이 좋다. "화요일 저녁 8시에 시간 있어?"라고 물었는데 상대방이 "아니"라고 대답하면 당신은 결국 수요일에 시간이 있는지, 그것도 안 되면 목요일에 시간이 있는지를 물어야 하는 처지가 된다. 이것은 결국 당신의 일주일을 고스란히 상대에게 비워준 셈이 된다. 그러므로 이렇게 묻도록 하라. "화요일하고 목요일 중에 언제가 더 좋아?" 이 질문은 상대방에게 더 많은 선택권을 주는 동시에 끈질기게 물고 늘어지지 않아도 된다. 시간도 마찬가지이다. "여섯 시와 여덟 시 중에 언제가 더 좋아?"

사람들을 사업설명에 초대할 때는 배우자가 있다면 함께 초대하라. 그들의 배우자와 함께 오는 것을 주저한다면, 시간을 절약하기 위해 두 사람이 한자리에 있는 것이 좋겠다고 말하라. 남편이 혼자서 결정하더라도 결국에는 아내와 얘기를 해봐야 할 테니 차라리 처음부터 함께 들어 서로 알고 대화하는 것이 낫기 때문이다.

일단 만날 시간과 장소가 확실히 결정되면, 상대방에게 약속을 확인하는 것이 중요하다. 미팅에 참여할지를 상대방에게 재확인하는 것이다. 약속을 확인하기 위해서는 이렇게 말하면 된다.

"확실히 온다고 적어도 되겠어?" 상대방이 결혼했다면, 배우자가 함께 오는 것을 확인하기 위해 이렇게 말한다. "배우자도 함께 올 거야?" 약속을 확인하는 과정을 거치면 열 번 약속해서 네 번 사업설명을 하는 것이 아니라, 네 번의 약속을 잡고 네 번 사업설명을 하는 결과가 나올 것이다.

약속을 확인할 때 가장 흔하게 나타나는 반응은 다음과 같다.
"어, 수요일? 괜찮을 것 같아. 월요일에 전화해서 다시 한번 확인하는 게 어때?"
사람들의 뒤꽁무니를 쫓아야 하는 일에는 절대 동의하지 마라. 당신의 시간은 소중하다. 이 경우에는 이렇게 대답한다. "밥, 달력에 인터뷰 일정이 꽉 차 있거든. 그렇게는 안 될 것 같은데. 지금 확정하든가 아니면 없던 일로 하든가 둘 중 하나로 결정해야 돼. 지금 당장 돈 버는 일이 우선순위가 아니라면, 그렇다고 말해."

좀 더 시간과 노력을 투자해 약속을 확인하고 미리 확정하지 않으면, 당신은 결국 많은 시간과 노력을 투자해 왜 미팅에 오지 않았는지를 물어야 하는 불편한 정면 대결을 해야 한다. 대부분의 사람은 정면 대결보다 확인하는 것을 더 좋아한다. 당신은 어떤가?

(Leader Stories) 사업을 시작했을 때 칼은 40명에게 거절을 당했다. 자기 나름대로 계획을 세워 40명에게 이야기를 해보았지만 아무런 효과가 없었다. "사업을 하기는커녕 사업설명을 듣겠다는 사람도 거의 없었어요. 저는 멘토를 찾아갔죠. 그는 이렇게 말했어요. '자, 새로운 계획이네. 자네는 이제 내 캐스팅 담당이야. 나는 지금 파트타임으로 한 달에 2천에서 3천 달러를 벌 사람들을 찾고 있네. 그들 중 몇 사람은 내가 개인적으로 가르쳐서 1년에 여섯 자리 숫자의 돈을 벌도록 해줄 생각도 있지. 이제 나가서 사람들을 만나보게. 그리고 자신에 대해서는 잊어버려.'" 칼은 시키는 대로 했다. 사람들이 질문을 하면 그는 이렇게 대답했다. "제가 전문가처럼 보이세요? 제 파트너한테 물어보세요. 제가 말도 잘해드리고 만날 수 있는 시간도 정해 볼게요." 칼은 자신을 캐스팅 담당으로 생각함으로써 제삼자의 신뢰를 얻을 수 있었다. 결과는 어땠을까? 아주 좋았다고만 해두자!

초점을 자기 자신이 아닌 다른 사람들의 신뢰에 맞추어라. 성공한 사업가에 대해 이야기하든 상사에 대해 이야기하든 친구나 저자 혹은 사업 트렌드에 관해 이야기하든 자신의 의견이 아니라 다른 사람이나 자료를 인용하면 사업에 대한 신뢰도는 훨씬 높아

진다. 자신을 이야기에서 제외하면 상대방은 당신의 말을 더욱 믿게 된다.

당신이 시도해 볼 수 있는 제삼자 접근법에는 다음과 같은 것이 있다.

예를 들어 당신이 치과에서 일하는 상담사인데, 치과의사를 후원하려 한다고 가정해 보자. 이때 당신은 사업의 신뢰도에 대해 설득하려고 노력하는 대신 이렇게 말할 수 있을 것이다. "저는 항상 선생님의 프로정신을 존경해 왔거든요. 그래서 드리는 말씀인데, 제가 지금 하는 사업에 대해 의견을 좀 말씀해 주실 수 있으세요?"

또 다른 예로 당신이 큰 사무실에서 일을 하는데 그중 가장 영향력 있는 사람에게 이야기하고 싶다고 해보자. 이 경우에는 이렇게 말하면 좋을 것이다. "앞으로 이 사무실에 있는 사람들 중 많은 사람이 프로슈머가 될 텐데, 저는 늘 당신의 리더십 스타일을 존경해 왔기 때문에 제일 먼저 이야기를 해드리고 싶어요. 당신에게 팀 리더가 될 수 있는 기회를 드리고 싶거든요."

초대 예문

1. "수입을 창출할 수 있는 다른 방법에 대해 한 번이라도 생각해 보신 적 있으세요?"
2. "_____ (구체적인 꿈을 성취할 수 있는 방법/ 제품으로부터 이익을 얻을 수 있는 방법)이 있다면, 한번 들어보시겠어요?"
3. "월마트보다 크게 성장할 수 있는 잠재력이 있는 사업 계획이 있는데 참여해 보시겠어요?"
4. "사업 구상을 하시나요?"
5. "자기 회사 제품을 사면 돈을 주는 회사가 수백 개나 있다는 사실을 혹시 아세요?"
6. "수입이 괜찮고 스케줄에도 무리가 없다면, 훌륭한 사업 아이디어를 한번 살펴볼 생각이 있으세요?"

7. "사업을 하는 제 친구가 함께 일할 사람을 몇 명 더 찾는다고 하는데, 좀 무리인지는 모르겠지만 당신 생각이 났어요."

8. "인터넷 사업(i-commerce) 전문가가 우리 집에 와서 자세한 정보를 알려주기로 했어요."

9. "당신에게 아무것도 약속할 수는 없어요."

10. "내 친구가 사업을 확장한다고 해서 내가 주변에 알아봐 준다고 했어."

11. "우리 사업팀의 파트너로 너를 생각하고 있거든."

12. "이 사업에 대해 더 많이 배울수록, 네가 관심도 있고 자격도 될 것 같다는 생각이 들어."

13. "네가 한번 해보면 좋을 것 같아."

확인 예문

1. "약속은 잘 지키니?"
2. "네 자리 잡아놓아도 되겠어?"
3. "약속이 확실하다고 생각해도 되겠어?"
4. "그냥 궁금한 거야, 아니면 정말 무언가를 찾고 있는 거야?"
5. "나 달력에 적어둔다. 너도 적었어?"
6. "배우자하고 함께 보면 좋을 거야. 같이 올 거야?"
7. "자동차를 살 때 배우자랑 함께 결정하지 않아? 그렇다면 이런 사업 결정을 내릴 때도 함께해야 하지 않겠어?"
8. "내가 두 번 설명할 시간은 없거든. 그러니까 배우자랑 같이 오기를 적극 권하고 싶어."
9. "우리는 2주 안에 팀을 모두 구성할 생각인데, 네가 기회를 놓치는 걸 보고 싶지 않아."

4장

사업설명 Show The Plan

알아야 할 사항들

최고의 사업설명을 위해

근본적인 동기부여 요인

1번입니까, 2번입니까, 아니면 3번입니까?

알아야 할 사항들

사업설명은 우리 사업 엔진에 시동을 거는 일이다. 새로운 사람들의 눈앞에 비즈니스를 제시하고 가능성이 생명을 얻는 시점이다. 신규 사업자로서 성공적으로 사업을 시작하도록 하기 위해, 스폰서는 여러 사람을 집으로 초대해 사업설명을 하는 홈 미팅을 권장할 수도 있다. 이때 대부분 스폰서가 당신을 대신해 사업설명을 해주게 된다.

홈 미팅에서 최고의 결과를 얻기 위해 알아야 할 사항들은 다음과 같다.

성공을 위한 복장을 하라. 남성은 재킷을 입고 넥타이를 매라. 여성은 비즈니스 정장을 입어라. 이런 복장은 프로스펙트들에게 당신이 진지하다는 것을 보여준다.

홈 미팅장 셋업 필요한 의자만 준비해 빈 의자가 남지 않도록 한다. 사업설명을 하는 칠판은 출입문 반대쪽으로 준비하여 늦게 오는 사람이 있더라도 방해받지 않게 한다. 더운 것보다는 서늘해서 사람들이 정신을 바짝 차리고 집중할 수 있도록 하는 것이 좋다.

주의를 산만하게 하는 것은 없애라. 집 전화의 벨 소리를 끄고 손님들에게 휴대전화의 전원을 달라고 부탁한다. 아이들이나 애완동물은 돌보는 어른과 함께 다른 방에 머물게 하여 미팅을 방해하지 못하게 한다.

연사를 위한 배려 연사를 위해 주차 공간을 확보해 두고 그가 도착하면 가져온 자료를 운반하는 것을 돕는다. 당신이 연사를 어떻게 대하는지를 보면서 프로스펙트들은 그의 말을 귀 기울여 들을 것인지 아닌지를 결정한다.

마실 것은 간단히 준비한다. 너무 화려하게 준비하면 참석한 사람들도 자신이 사업을 진행하면 똑같이 해야 할 것 이라고 생각한다. 그것은 그들에게 부담을 주는 것이나 다름없다.

소개 미팅을 시작하면 당신이 이 사업의 가능성에 대해 얼마나 마음이 들떠 있으며 헌신하고 있는지 알려준다. 사람들에게 당신이 이 일을 한번 해볼까 하고 생각하는 것이 아니라 집중적으로 헌신하고 있다는 것과, 꿈을 이룰 수 있는 도구라는 것에 대해 확실히 전달한다. 연사를 소개할 때는 그에 대한 믿음을 최대한 높여주고 당신이 그를 얼마나 크게 인정하고 있는지를 알려, 연사가 자기 자신을 소개하는 데 시간을 들이지 않고 사업설명을 하는 데 시간을 쓸 수 있도록 한다. 연사를 소개할 때는 참석해준 친구들에게 감사의 말을 하지 말고, 연사에게 집까지 찾아와 기회를 나눠주는 것에 감사를 표하라.

플랜에 집중한다. 미팅을 하는 중에는 마실 것을 준비한 다거나 그밖에 다른 일로 분주히 돌아다니지 마라. 열정을 가지고 미팅에 집중하면서 연사가 하는 이야기에 귀를 기울여라.

최대한 빨리 사업에 대한 주인의식을 가지고 스스로 사업설명을 시작하는 것이 좋다. 완벽하게 하려고 괜한 부담을 가질 필요는 없다. 사실 처음의 사업설명이 조금이라도 괜찮았다면, 당신은 너무 오래 기다린 것이다! 우리가 흔히 하는 말 중에 "사업설명이 다소 어설펐더라도 할 사람은 한다"라는 말이 있다. 아무리 사업설명을 망쳤더라도 가르침을 받을 수 있고 동기부여가 된 사람이라면 그는 반드시 사업을 한다는 얘기이다. 사업 기회만 제시해 준다면, 이 사업에 맞는 사람은 자신이 필요로 하는 정보를 스스로 찾아내게 마련이다. 사업설명을 하는 데 필요한 준비물은 열정과 신념, 그리고 몇 가지 핵심 포인트이다. 핵심 포인트는 외워도 좋고 개요를 정리한 브로슈어를 준비해도 좋다. 신규 사업자들은 보통 처음으로 사업설명을 할 때 자신의 실력에만 초점을 맞춘다. 숫자나 정보를 제대로 기억해 스마트하고 성공적인 사람처럼 보이도록 하려면 어떻게 해야 하는지 고민한다. 물론 비즈니스에 관련된 정보를 제대로 알고 있는 것도 좋지만, 거기에 초점을 맞춰서는 안 된다. 사업설명의 초점은 '이 플랜이 파트너들에게 무엇을 해줄 수 있는가?'에 맞춰져야 한다.

조금만 연습하면 사업 관련 정보에 익숙해질 것이고 그러면 초점을 당신 자신에게서 다른 사람들을 이해하는 쪽으로 옮길 수 있을 것이다. 앞에서도 말했지만, 자신감은 자신이 누구인지, 어디를 향해 가고 있는지를 알고 자기 훈련의 행동을 했을때 생기게 된다. 당신이 훈련되어 있지 않고 한 달에 한 번만 사업설명을 한다면, 프로스펙트가 사업을 하지 않겠다는 결정을 내릴 경우 사업에 큰 타격이 될 것이다. 그러나 그달에 여러 번의 사업설명이 예약되어 있다면 당신은 이렇게 생각할 것이다.

'다음!'

사업설명 방법을 배우려면 교육장이나 홈 미팅에서 다른 사람이 사업설명 하는 것을 지켜보며 메모하라. 사업설명 음원을 들으며 공부하고 친구와 배우자, 가족, 아니면 집에 있는 애완동물 앞에서라도 연습해보라. 애완동물이 없다면 인형에게 해도 괜찮다. 인형은 계속 미소를 지어주고 졸지도 않는다!

명단에 있는 핵심 프로스펙트에게 처음으로 사업설명을 할 때는 스폰서에게 함께 가달라고 부탁하라. 함께 이어달리기하면 된다. 먼저 당신이 스폰서를 전문가로 소개한다. "이분은 존인데 나보다 경험이 많은 사업파트너야. 큰 성공을 거두셔서 아주 바쁘지만 일부러 시간을 내서 너를 만나러 와주신 거야." 그리고 나면 존은 당신이 이 사업을 통해 얼마나 크게 성공할 것인지, 왜 그들이 당신의 사업설명에 귀를 기울여야 하는지를 설명한다. 사업설명은 당신이 하고 존이 마무리한다. 당신이 사업설명을 하는 도중 더듬거나 뭔가를 잊어버리면 존이 부드럽게 상황을 연결해 줄 것이다.

기억해 두어야 할 몇 가지 추가사항이 있다.

최고의
사업설명을 위해

결혼했다면 사업설명을 할 때 배우자와 함께하기를 권한다.

둘이 함께라면 보다 많은 부분에서 공감대를 형성할 수 있고, 귀가 하나라도 더 있으면 혼자서는 놓쳤을 미묘한 실수에 대해 충고해 줄 수 있다. 열정을 가지고 서로를 높이 평가하는 부부가 팀으로 활동하는 것 자체가 신뢰도를 높여 주며 더 좋은 결과를 낼 수 있다.

사업설명은 정보를 많이 전달하면서도 간단하게 하라.

대부분 사람은 이 사업을 제대로 이해하지 못해서가 아니라 자신감이 없기 때문에 거절한다. 그러므로 사업설명을 복잡하게 하지 마라. 간단한 설명이 간단한 반응을 얻어낸다. 플랜이 복잡하고 심각하고 세세한 내용으로 가득 차 있으면 프로스펙트가 결정을 내리는 것도 복잡해진다. 프로스펙트가 자신도 쉽게 설명할 수 있을 것이라는 생각이 들 정도로 간단히 하라.

스폰서와 똑같은 사업설명을 하라.

 당신의 리더들이 노란색 연습장에 사업설명을 한다면, 당신도 같은 종이를 써라. 그들이 바인더를 쓴다면, 당신도 바인더를 써라. 그들이 팸플릿을 쓴다면, 당신도 팸플릿을 써라. 당신의 그룹이 무엇을 하든 그것을 최대한 그대로 복제해 꾸준하고 믿을 수 있는 플랜이 되도록 하라. 대부분의 팀은 사업설명을 하는데 있어 몇 가지 포맷을 갖고 있다. 프로스펙트에게 가장 효과가 있을 것으로 생각되는 포맷을 이용하라. 프로스펙트가 컴맹인데 좋은 인싱을 줄 욕심으로 멋진 노트북에 사업설명을 하면 상대방은 영문도 모르는 상태로 남게 된다. 집에 있기를 좋아하는 친구라면 오픈 미팅에 참석해 플랜을 살펴볼 확률은 희박하다. 브로슈어, 바인더, 화이트보드, 노트북 사업설명, 홈 미팅, 그밖에 어떠한 형식의 미팅이든 당신의 사업설명은 스폰서의 접근법에서 벗어나지 않으면서 프로스펙트가 공감대를 형성할 수 있는 방법으로 해야 한다.

최대한 빨리, 성격 타입에 대한 책을 읽어라.

로버트 롬 박사의 「성격으로 알아보는 속시원한 대화법」이나 그 주제에 관해 스폰서가 추천하는 책을 한 권 구해서 읽어라. 사람은 모두 성격이 다르다. 그 차이를 이해하면 결과가 혁신적으로 나아지고 다른 사람에 대한 참을성도 크게 높아질 것이다.

우리가 스스로를 프로모션하면 아무리 잘해도 의심이 간다.

하지만 우리가 다른 사람을 프로모션하면 신빙성이 있다. 우리는 메시지를 전달하는 사람이지, 메시지 그 자체가 아니다. 플랜을 보이는 내내 "밥이 이렇게 말했습니다. 밥이 저렇게 말했습니다. 밥이 저에게 그것을 깨닫게 해주었습니다. 밥이 그 방법을 가르쳐 주었습니다"라고 말하라. 플랜이 끝날 때쯤이면 당신의 프로스펙트는 '그 밥이라는 사람을 꼭 만나야 하겠군'이라는 생각을 할 것이다. 밥에게 프로스펙트를 소개해줄 때는 밥이 프로스펙트에게 당신을 프로모션해 줌으로써 당신의 신뢰도도 올라가게 된다.

사업설명을 할 때 당당한 자세를 유지하라.

당당한 자세는 당신이 그들에게 제시하고 있는 것에 대해 충분히 이해 하고 있을 때 생긴다. 당신의 그룹에서 마음 깊이 사업에 대 한 신념이 가득한 사람으로부터 제품과 사업, 스폰서를 대단하게 만드는 것이 무엇인지를 배워라. 사업설명은 상대방에게 당신의 사업, 그룹 그리고 당신의 시간을 할애할 자격이 있는지를 알아보기 위한 것이지 결코 상대방이 당신의 사업을 평가하기 위한 것이 아니다. 물론 당신에게 사람들이 필요하지만, 이 사업에

> 나쁜 자세의 예를 몇 가지 살펴보자.

> "제발, 제발 부탁이니까 좀 해줘."
> "너 나한테 빚진 거 있잖아."
> "시간을 뺏어서 미안해."
> "네가 좋을 때 아무 때나 나한테 다시 연락해 줘."
> "나는 찾는 사람도 많고 내 시간은 네 시간보다 훨씬 가치가 있거든. 그러니까 네가 나와 함께 일할 자격이 있는지 말해봐. 그럼 한번 생각해 볼게."

> 좋은 자세의 예를 몇 가지 살펴보자.

> "서로에게 이익이 되는지 한번 살펴보자. 만약 서로에게 이익이 되지 않는다면 상대방의 최선을 빌어주면 되

> 고, 만약 서로에게 이익이 된다면 함께 해보자."
>
> "너에게 아무것도 약속할 수는 없어."
>
> "그냥 궁금한 거야, 아니면 정말 돈을 버는 데 관심이 있는 거야?"
>
> "내가 기꺼이…"
>
> "나는 아무나 찾고 있는 게 아니야. 나는 한두 명의 핵심인물을 찾고 있어."
>
> "네가 한번 해보면 정말 좋겠어."

서 성공하기 위해 아무나 필요한 것은 아니다.

 당신이 찾아가서 플랜을 보였을 때 모든 사람이 기회를 받아 들일 준비가 되어 있는 것은 아니다. 때로 회의적이거나 좌절해 있는 상태 혹은 무언가 감당하기 힘든 일을 당한 사람을 만날 수도 있다. 어쨌든 사람들이 어떤 생각을 하는지 알아내고 그들을 최대한 도울 수 있다면 좋은 일이 아닌가? 당신이 먼저 상대를 이해하려는 진지한 노력을 할 때, 사람들은 당신에게 마음을 열게 된다. 상대가 마음을 열면 편안하게 대화할 수 있는데, 대부분의 리더는 이것을 '친구 사귀기'라고 말한다. 상대방이 어떤 일을 하는지, 취미가 무엇인지, 그들이 갈구하는 것은 무엇인지 알아보

라. 그들의 집, 자녀 혹은 벽에 걸려 있는 사진에 대해 질문하라. 같은 스포츠팀을 좋아하는 것처럼 단순한 것이 종종 두 사람 간에 즉각적인 연결고리를 만들어주기도 한다.

사람들은 일반적으로 자신과 비슷한 사람을 좋아한다. 조심스럽게 상대방의 목소리 톤이나 속도, 자세, 몸짓, 그리고 그들이 사용하는 단어에 맞춰주면 그 사람은 당신 주위에서 편안하게 긴장을 푼다. 예를 들어 상대방이 편안하게 뒤로 기댄 자세로 "나는 예스맨으로 살아가는 것이 지긋지긋해요. 내 스스로 결정을 내리고 싶어요"라고 말했다고 하자. 그러면 똑같이 뒤로 기댄 자세로 대화 중에 '지긋지긋하다'와 '스스로 결정을 내린다'라는 표현을 쓰는 것이 상대방과의 공감대를 크게 높여줄 수 있다.

「호감도 요인」의 저자 팀 샌더스는 또 다른 관점을 제시한다. 그는 '호감도'란 네 가지의 순차적인 단계를 거쳐 정의되는데, 그것이 다른 사람들에 대한 영향력의 토대가 된다고 한다.

1. 친절함
"나는 당신을 좋아합니다. 나는 당신에게 마음을 열었습니다.

당신을 환영합니다"라는 메시지를 전달하는 능력이다.

2. 연관성

"나의 일상생활, 관심사, 원하는 것과 필요로 하는 것을 이해할 수 있습니까?" 연관성은 세 가지 요소, 즉 빈번한 접촉, 상호 관심사 공유, 상대방이 원하는 것과 필요한 것을 이해하는 것으로 나눌 수 있다.

3. 공감

다른 사람들과 공감하고 그들에게 시간과 관심, 감정을 투자할 수 있는 능력. 그들이 겪고 있는 것을 느끼고 경험할 수 있는가?

4. 진실성

가장 중요한 것은 '진실한가'이다. 당신이 진실하지 못하다고 느끼는 사람은 당신의 친절을 의심하게 되고, 둘 사이의 연관성이 모두 날조된 것이라고 느끼며 당신이 공감했던 것은 비뚤어진 동정심에 불과하다고 생각하게 된다. 다시 말해, 감정과 행동이 일치하지 않는다면 당신은 연기자에 불과하다.

당신의 호감도 요소는 어떠한가? 당신은 단지 비즈니스 볼륨을 높이기 위해 사람들을 찾고 있는가? 아니면 당신은 그들과 파트너가 되어 그들을 더 자세히 알고 그들의 삶을 증진하도록 돕고 싶은가? 그들의 삶에 햇살이 되어라. 그들이 성취할 수 있음을 믿어 주고 그들의 꿈과 목표에 공감해 그 가능성에 벅찬 기쁨을 느껴라. 그것만 하더라도 대부분 사람이 어디에서도 얻지 못했던 것을 제공하는 셈이다.

플랜의 세부 사항으로 들어가기 전에 프로스펙트가 성취하고자 하는 것이 무엇인지 이해하는 것은 매우 중요하다. 그 사람이 이 사업에 대해 어떻게 이해하느냐 하는 것보다 이 사업을 통해 무엇을 성취하고자 하는지가 더 중요하다. 상대방을 속여 정보를 감추려는 것이 아니라, 상대방이 원하는 것이 무엇인지 알기 전에는 도울 수가 없기 때문이다.

예를 들어 그 사람이 세금이나 다른 데 드는 돈을 충당하기 위해 한 달에 2백 달러 정도의 추가 수입을 원한다고 가정해 보자. 그런데 그 정보를 알아내지 않고 플랜을 설명하면서 월급을 대체할 수 있는 수입과 멋진 집을 살 수 있고 수천 명에게 재정적 독

립을 얻을 수 있게 해주면서 전 세계를 여행할 수 있다고 설명한다면 어떻게 될까? 당신의 사업설명을 듣고 난 후, 그가 관심이 없다는 결론을 내릴 확률이 높고 그러면 한 달에 몇백 달러의 추가 수입을 얻을 좋은 기회를 놓칠 것이다. 당신은 그 사람을 도왔는가?

또 한 가지 중요한 것은 얼마만큼의 노력을 해야 하는지를 생각하기 전에 먼저 이 사업을 통해 무엇을 얻을 수 있는 지를 제대로 보아야 한다는 점이다. 그래야만 그 노력이 가치가 있는지 결정할 수 있다. 모든 대가는 보상과 연관이 있다. 누구도 야근을 하고 싶어 하지 않지만, 돈이라는 보상을 위해 야근을 한다. 마찬가지로 사업 그 자체를 위해 사업을 하는 사람은 없다. 사업을 하는 이유는 보상 받을 수 있기 때문이다.

프로스펙트 중에는 자신이 원하는 것이 무엇인지 정확히 알고 있는 사람도 있다. 반면, 조금은 다른 사람의 도움이 필요한 사람도 있다. 이 경우, 그들이 원하는 것이 무엇인지 당신의 입으로 말하지 마라. "세상에, 너는 지금 완전 파산상태잖아. 직장도 형편 없고 인생이 비참하지 않니? 성공하면 얼마나 멋질지 생각해 봐"라고 말하지 마라. 대부분의 사람은 나름대로 최선을 다하고 있다. 당신과 내가 플랜을 보기 전에 그렇게 살았던 것처럼 말이다. 그러므로 비판하지 마라. 대신, 그들에게 질문을 하고 자기 입으로 말하도록 하라.

「질문이 대답이다」라는 책에서 알렌 피즈는 이렇게 말한다. "당신이 사업에 관해 이야기할 때, 사람들은 당신이 자신을 설득해서 결정을 내리도록 만들 것이라고 예상한다." 그들은 당신이 무언가를 팔 것이라고 생각하는데, 누구라도 강제로 무언가를 구입하고 싶어 하는 사람은 없다. 따라서 그들은 시작부터 당신이 하고자 하는 말에 방어적인 자세를 보인다. 그 이유는 단순하다. 그것이 그들의 아이디어가 아니라 당신의 아이디어이기 때문이다.

여러 가지 질문을 함으로써 스스로 결론을 내리도록 이끌어라. 그러면 그들은 자연스럽게 동의하게 되고 그것이 사실이라고 믿게 된다. 자기 입으로 말했기 때문이다. 즉, 당신의 아이디어가 아니라 그들의 아이디어가 된 것이다. 알다시피 사람들은 자기 자신과는 크게 논쟁하지 않는다.

근본적인 동기부여 요인

피즈는 상대방의 이유를 찾는 접근법을 다음과 같이 제시하고 있다. 그에 따르면 대부분 사람이 이 사업에 참여하는 근본적인 동기부여 요인은 다음 중 하나라고 한다.

추가 수입

재정적 자유 자기사업

더 많은 여가시간 개인적 성장

다른 사람들을 돕는 것

새로운 사람들을 만나는 것 은퇴

유산을 남기는 것

프로스펙트에게 이 목록을 보여주고 그들에게 다음의 세 가지 질문을 하라.

"이 중에서 너에게 가장 중요한 것은 어떤 거야?"

"그것이 왜 너에게 중요해?"

"그걸 성취하지 않으면 어떤 결과가 생길까?"

각 질문에 대한 그들의 답변을 주의 깊게 들어라. 상대방이 불편해하는 것 같으면 당신은 어떤 것을 선택했으며 그 이유가 무엇이었는지 말해 주어라. 사업을 하는 이유에 대해 표면적으로 겉돌지 마라. 마음 깊은 곳에서 우러나오는 말을 하고 상대가 당신이 어떤 사람인지에 대해 충분히 느낄 수 있도록 하라. 시급한 문제로 끊임없이 폭탄 세례를 받고 있는 현대인에게 흥미로운 사업설명에 대한 기분 좋은 대화만으로는 충분하지 않다. 그들과 함께하는 짧은 시간 동안 어떻게 해서든 강한 충격을 줄 수 있어야 한다.

상대방의 이유를 찾아내기 위한 질문 사례를 살펴보자.

사업자 : " 밥, 당신은 직장도 좋고 편안한 라이프스타일에 행복한 가정생활을 하고 있잖아요. 그런 당신이 사업 아이디어에 관심을 두는 이유는 뭐죠?"

밥　　　："돈을 좀 더 벌고 싶어서요?"

사업자 : "돈을 더...?"

밥　　　："아무리 열심히 일해도 별로 앞서 나가지 못하는 것 같아서요."

사업자 : "앞서 나가는 게 어떤 거라고 생각하는데요?"

밥　　　："글쎄요, 저는 좀 더 넓은 집을 사고 싶어요. 지금은 너무 좁아요. 가족이 원하는 것을 만족시킬 수 없으니 집이라고 할 수도 없죠."

사업자 : "그게 무슨 말씀이세요?"

밥　　　："가족이 편하게 즐길 수 있는 공간이 충분하지 않아요. 아이들은 뛰어놀고 싶어 하고 아내는 사람들을 불러서 집에서 놀고 싶어 하죠. 또 저는 이따금 집에서 일을 하고 싶거든요. 그런 데 공간이 부족하니 모두 참고 사는 거죠. 사실 그것 때문에 문제도 있고요."

사업자 : "문제라니요?"

밥　　　："네, 가족 간에 긴장감이 감돌고 그것 때문에 말다툼도 더 많이 하게 되더라고요."

사업자 : "그런 말을 들으니 안 됐네요. 집에서 어떤 일을 하고 싶으신데요?"

밥 : " 우리 아버지가 정비사였거든요. 아버지는 오래된 차를 좋아하셨는데 그 열정을 제가 닮은 것 같아요. 그냥 낡은 자동차 한 대 가져다 깨끗하게 수리해서 멋진 새 차로 만들어보고 싶은 게 전부예요. 하지만 그런 일을 할 시간도 공간도 없어요. 지금 당장은요."

사업자 : " 밥, 그런 것이 당신에게 중요한가요? 가족 간에 긴장감도 줄어들고 부인이 사람들을 초대해서 음식을 차려 주거나 아이들에게 마음껏 뛰어 놀수 있는 공간을 마련해 주는 것 말이에요. 자동차에 대한 당신의 열정을 불태우고 진정으로 원하는 것을 참고 살지 않아도 되는 거요."

밥 : " 그럼요."

사업자 : " 왜요?"

밥 : " 아내와 아이들이 넓은 집에서 살도록 해주고 싶어요. 아이들은 친구를 초대하지 못하고 대신 친구들 집으로 놀러 가요. 그리고 아내가 자신이 본 멋진 집에 대해 이야기할 때마다 정말 화가 나요. 아내가 원하는 것을 해줄 수 없다는 사실을 참기가 힘들어요. 그런데 어떻게 해볼 도리가 없어요."

사업자 : "당신의 얘기를 듣고 보니 넓은 집으로 이사를 하면 가족에게 정말 큰 변화가 있을 것 같네요. 제가 이런 질문을 하는 것에 대해 불쾌하게 생각하지 않길 바라요. 정말 중요한 질문이거든요. 저는 당신이 정말로 성취하려는 것이 무엇인지 제대로 이해하고 싶어요. 당신이 원하는 것을 더 잘 이해할수록, 제가 도울 수 있는 것도 많아지니까요."

밥 : "물론이죠."

사업자 : "밥, 지금 하는 일을 계속하면서 앞서 나가지 못하고 또한 넓은 집을 사지 못하면 어떻게 될까요? 당신과 가족에게 그것이 어떤 의미가 있죠?"

밥 : "지금까지 해오던 일을 계속하면서 현재의 상태에 머물러 있는 것은 상상도 하기 싫습니다. 그것은 가족이 원하는 것을 절대로 해줄 수 없다는 것을 뜻하죠. 물론 넓은 집이 제 인생의 전부는 아니지만, 제 전부인 가족이 그걸 원하고 있어요. 그런데 지금처럼 제한된 공간에서는 제 가족이 행복해하지 않아요. 우리 가족은 모두 정말로 하고 싶은 일을 하지 못해 짜증이 나 있어요. 저는 아내와 아이들이 더 이상 그렇게 사는 것을

바라지 않습니다."

사업자 : " 그렇다면 지금 당신의 우선순위는 가족에게 적당한 집을 살 수 있는 방법을 찾는 것이라고 해도 무방하겠네요?"

밥 : " 그렇죠."

사업자 : " 밥, 그렇게 말씀하시니 반갑네요. 제가 지금 진지하게 꿈과 목표를 이루려고 하는 사람을 몇 명 찾고 있거든요. 당신에게 약속드릴 수 있는 건 아무것도 없어요. 다만 제가 지금 보여드리려고 하는 사업 계획이 당신이 찾던 기회가 될 수도 있을 것 같아요. 당신에게 가치 있는 프로젝트에 집중적인 노력을 기울일 생각만 있다면, 당신 가족은 원하는 집에서 살 수 있을 거라고 믿어요. 당신이 그 꿈을 이루면 저도 성공했다는 느낌이 들것 같군요. 사실 개인적으로 저는 당신과 당신 가족을 참 좋아합니다. 당신이 멋진 파트너가 될 거라는 생각이 드는군요. 당신 생각은 어때요? 아내가 새집에서 처음으로 눈을 뜨는 기분이 어떨지 상상할 수 있으세요? 열쇠를 넣어 처음으로 문을 열었을 때 아내가 어떤 감정을 느낄 거라고 생각하세요?"

밥에게 이 사업자와 함께 일할 열정이 생길 것이라고 생각하는가? 만약 밥이 돈을 좀 더 벌고 싶다고 말했을 때 곧바로 사업설명을 했다면 이 사업자는 무엇을 놓치게 될까? 밥이 감정적으로 그의 꿈을 '경험'할 수 있었을까? 물론 아닐 것이다. 하지만 위와 같은 대화를 했다면 밥은 사업을 자신과 상관없는 것이라고 생각하는 대신 자신의 미래를 바꾸는 데 도움이 될 만한 기회로 보지 않을까?

위 대화에 나오는 사업자는 질문을 더 할 수도 있었을 것이다. 새집의 가격이 어느 정도 될지, 매달 갚아 나가야 하는 대출금은 얼마가 될지를 알아내 상대방의 목표를 더욱 구체화하고 그것을 염두에 두고 사업설명을 할 수도 있었을 것이다. 그러나 중요한 것은 이 사업자가 밥의 근본적인 이유를 찾아냈다는 점이다. 이제 밥이 사업설명을 들으면, 사업을 단순하게 보는 것이 아니라 해결책으로 보게 될 것이다. 질문 요령은 설득력을 높이기 위해 꼭 배워야 하는 매우 소중한 기술이다. 상대방의 필요나 불만을 찾아내기 위해 많은 질문을 할수록 사람들은 더 큰 관심을 보이고, 당신은 보다 강한 설득력을 얻게 된다. 훌륭한 질문은 사람들이 그들이 꿈을 이루었을 때와 그렇지 못했을 때의 모습이 어떠할지를 시각화하고 상상하도록 만든다. 이 사업을 통해 더 좋은 미래를 이룰 가능성이 있다는 것을 보고 믿게 되었을 때 사람들은 행동하게 된다.

앞의 대화 사례에서 사업자가 상대방의 말에 귀를 기울이고 보다 많은 질문을 했다는 점에 주목하라. 당신은 사람들의 말을 얼마나 경청하는가? 당신은 사람들이 하는 말에 대해 생각하는가 아니면 다음에 당신이 할 말을 준비하느라 바쁜가? 그냥 듣는 것과 경청하는 것은 다르다. 청각장애가 없다면 듣는 것은 무의식적인 행동일 뿐이다. 그러나 경청은 의식적으로 선택한 행동이다. 상대방이 하는 말의 진정한 의미를 이해하려 집중하는 것이 경청이다.

우리 대부분은 상대방이 하는 말의 일부만 듣고 자신이 생각하는 카테고리에 넣어버린다. 그 결과 우리는 종종 사람들을 오해하고 엉뚱한 대답을 하게 된다. 경청하는 기술을 익히려면 상대방이 완전히 말을 마칠 때까지 기다린 후에 잠시 뜸을 들였다가 할 말을 시작하는 연습을 해라. 경청의 기술을 배우는 또 다른 좋은 방법은 상대방이 한 말을 반복하는 것이다. 예를 들면 이런 말이 효과적이다.

"그러니까 당신이 하는 말은…"

"…라고 하신 것 같은데 제가 제대로 이해했나요?" 그런 다음 상대방이 당신의 말을 고치거나 원래 했던 말에 덧붙일 수 있도록 기회를 주어라.

  사업설명을 할 때는 언제나 시급하다는 것을 암시하라. 지금 당장 이 사업에 참여하지 않으면 어떤 손해를 보는가? 리더들이 사업설명을 하며 시급함을 암시할 때 잘 듣고 그것을 메모하라. 사업에 도움이 되는 트렌드와 시기에 관해 이야기하는가? 지금 이 순간 폭발적으로 성장하고 있는 그룹에 관해 설명하는가? 특별한 이벤트가 다가오고 있는가? 리더들로부터 배우고 그것을 당신의 사업설명에서 활용하라. 또한 당신의 명단에 프로스펙트가 아는 사람들이 있다면, 그가 사업을 먼저 시작했을 때 그들이 프로스펙트의 다운 라인 사업자가 될 수도 있음을 알려주어라.

1번입니까, 2번입니까, 아니면 3번입니까?

프로스펙트에게 사업설명을 하고 나면 상대방의 관심도를 결정해야 한다. 어떤 사업자들은 시간을 내 컨택하고 초대하고 사업설명을 해놓고는 그들의 관심도를 물어보지도 않고 집을 나선다! 이들은 사업에 등록하고 교육 자료를 구매하고 첫 홈 미팅을 주선하는 것에 대해 상대방이 먼저 물어오기를 기대한다. 꿈 깨라!

우리는 "당신은 이 사업에 대해 어떤 입장을 취하겠습니까?"라거나 "지금 들은 것 중에 어떤 것이 가장 마음에 드셨습니까?"라고 질문함으로써 상대방을 인도할 필요가 있다. 가장 일반적인 접근 방법은 사업설명을 들은 사람은 대부분 다음 세 가지 범주 중 하나에 속한다고 말해 주는 것이다.

1. 훌륭한 것 같아요. 한두 가지 질문이 있긴 하지만, 지금 당장 돈을 벌 준비가 되어 있습니다.

  2. 확실히 관심이 있어요. 하지만 돈을 벌기 전에 정보를 좀 더 알아본 뒤 그룹을 만나고 싶습니다.

  3. 돈을 버는 데는 관심이 없습니다. 하지만 판매되는 제품은 몇 가지 써보고 싶습니다. 집으로 배달도 해주니까요.

  1번을 강조함으로써 기대감을 높여라.

  "당신이 1번이나 2번이라면, 그룹에 자리를 확보하기 위해 당장 등록을 하라고 권하고 싶습니다. 집에 가져가 살펴볼 수 있는 자료를 드릴 테니 다시 만나 질문에 대답할 수 있는 시간 약속을 잡죠. 지금 우리가 경험하고 있는 성장을 당신이 놓치기 전에 시작할 수 있도록 도와드리겠습니다. 만약 당신이 3번이라면 오늘 밤에 소비자로 등록해 드리고 집에 가져가 사용해 볼 수 있도록 제품을 몇 가지 드릴게요." 당신이 이렇게 말했다면, 이 시나리오의 결과는 어떠할까? 아마도 모든 사람이 지금 당장 사업자나 소비자로 등록할 것이다.

  우리는 종종 사업설명의 마무리 단계에서 질문이나 반대에 부덧힌다. 그 부분에 대해서는 다음 장에서 다루도록 하겠다. 지금은 프로스펙트가 사업을 시작하는 데 관심이 있고, 더 많은 정보를 원한다고 가정해 보자. 사업설명을 할 때는 항상 집으로 들려 보낼 자료를 준비하라. 자료 외에도 오픈 미팅 또는 랠리나 세미나 등 그룹에서 주최하는 행사를 프로모션 해서 더 큰 그림을 보고 사업을 배우는 과정을 시작할 수 있도록 하라.

이 사업의 프로스펙트들은 마치 물 밖에 나온 물고기처럼 결정을 팔딱팔딱 뒤집기로 악명이 높다. 처음엔 다소 망설였더라도 성공자의 음원을 듣거나 손에 잡히는 결과를 눈으로 확인하고 큰 행사에 참석하면 많이 달라진다. 그러므로 티켓은 항상 준비해야 하고 행사 프로모션을 잘하는 방법을 배워야 한다.

(Leader Stories) 이 사업의 어느 리더는 음원을 들을 때마다 제목과 연사 그리고 핵심 내용을 메모해 두었다. 예를 들어 그는 '부정적인 배우자'라거나 '시간이 없음' 등을 기록해 사람들에게 어떤 음원을 권해야 할지 정확히 찾아낼 수 있었다. 그는 그러한 자료를 모아 개인도서관을 만들었고, 그것을 항상 차의 트렁크에 싣고 다니면서 자료로 활용할 수 있도록 준비해 두었다.

자료는 팔로우스루 미팅 약속이 잡힌 사람들에게만 빌려주어라. 그렇지 않으면 자료를 잃게 된다. 프로스펙트에게 자료의 소중함을 알려주어라. "이틀 후에 그 자료를 돌려받아야 하는데, 모두 살펴보는 데 얼마나 시간이 걸릴 것 같으세요?"라고 물어보라. 상대방이 "꼭 필요하신 거라면 가져가고 싶지 않아요. 다음에 빌릴게요"라고 말한다면, 그것은 지금 시점에서 그가 사업에 대해 좀 더 알아보는 것이 우선순위가 아님을 뜻한다.

애써 "여기 있어요. 가져가세요. 제가 이틀 후에 찾으러 갈게요"라고 강요하지 마라. 그것은 누구라도 사업에 참여시키려고 애가 닳아 있으며 상대방이 사업을 해주었으면 하고 절박하게 바란다는 말을 하는 것과 마찬가지이다. 팔로우스루 미팅 약속을 잡지 않으려고 한다면, 행사에 반드시 참석하지도 않을 것이고 더 알아보는 것도 관심이 없다는 뜻이다. 즉, 게임 오버다. 소개해 줄 사람이 있는지 물어보고 몇 달 지난 후에 다시 찾아가 보라. 그런 사람과는 어차피 사업을 진행할 수 없다. 사업에 대해 더 알고 싶어 하고 자료를 소중히 다루는 사람들을 위해 자료를 아껴두어라.

사업설명을 하는 모든 프로스펙트에 관해 신상 정보를 기록하

라. 이름, 주소, 집 전화번호, 휴대 전화번호, 이메일 주소 등을 기록해 보관하라. 어떤 연락처로 언제 연락하는 것이 가장 좋은지 물어보라. 그리고 항상, 미팅이 끝나기 전에 다음 미팅 약속을 잡아라. 여러 나라를 거쳐 가는 해외여행처럼, 일단 한번 연결 비행기를 놓치면 모든 일정이 엉망이 된다. 일상으로 돌아가 들뜬 마음이 가라앉으면 우선 순위가 바뀌게 되고 당신의 프로스펙트는 틈새 사이로 빠지고 말 것이다. 물론 이 사업이 그들에게 중요할 수도 있지만, 그들은 먼저 일상생활의 시급한 것부터 처리하게 마련이다. 따라서 그들이 떠나기 전에 반드시 다음 미팅 약속을 정해야 한다.

프로스펙트를 오픈 미팅에 초대하는 것도 좋지만, 그들이 오지 않을 경우를 대비해 개인적으로 만날 약속을 따로 잡는 것이 좋다. 사람들을 오픈 미팅에 초대할 때는 집으로 데리러 가겠다고 제안하라. 차를 함께 타고 가는 동안 이야기를 나눌 수 있는 소중한 시간을 얻는 것은 물론, 퇴근 후에 피곤하다는 핑계로 미팅에 가지 않기로 마음을 바꾸는 것을 막을 수 있다.

일단 프로스펙트가 사업자로 등록하면 이 사업을 시작하는 과정으로 인도해야 한다. 누군가가 등록했다고 해서 집에 돌아가

느긋하게 소파에 기대앉아 통장에 수입이 찍히기만 기다려서는 안 된다. 당신은 이제 막 사업 과정을 시작했을 뿐이며, 바로 이때가 진정한 사업이 시작되는 시점이다. 프로스펙트가 명단을 작성하고 전화를 걸고 사업설명을 하고 제품을 공부할 수 있도록 도와주어라.

이 일이 사업처럼 느껴지는가? 이 일은 평생 지속적인 수입을 창출해 준다. 수년이 지나 꿈에 그리던 생활이 현실로 이루어지고, 투자했던 모든 노력이 오래된 추억처럼 느껴질 때도 오늘 당신이 한 행동에 대한 보상으로 수입은 계속 들어올 것이다. 이 일은 정말 가치가 있을까? 그것은 당신이 결정할 문제이다.

5장

팔로우스루 Follow Through

꿈을 재방문하라

관심도를 결정하라

믿음을 키워라

시작하라

팔로우스루는 프로스펙트가 사업설명을 듣고 난 후에 시작되는 과정이다. 팔로우스루에서는 다양한 상황을 겪게 되므로 충분히 준비를 하고 유연하게 대처해야 한다. 사업설명을 들은 사람들 중 10퍼센트는 당신이 뭐라고 말을 하든 "예스"라고 대답할 것이다. 또 다른 10퍼센트는 누가 사업설명을 하든 상관없이 "노"라고 대답할 것이다. 나머지 80퍼센트는 당신이 하는 행동에 따라 "예스"가 될 수도 있고 "노"가 될 수도 있다.

팔로우스루 미팅에서 당신은 프로스펙트와 그들의 꿈을 다시 방문하고 그들의 관심도를 결정하며 질문이나 반대에 대한 답변을 하게 된다. 또한 그들의 믿음을 키워 주고 그들이 사업을 시작할 수 있도록 만든다. 팔로우스루 과정의 가장 이상적인 결과는 다음과 같은 프로스펙트를 얻는 것이다.

- 사업자로 가입한 사람
- 몇 가지 목표를 정한 사람
- 명단을 종이에 적은 사람
- 그룹 교육 시스템에 참여하는 사람 (이벤트, 강의, 책 읽기 등의 모임에 참여)
- 참여가 확정된 사람들을 대상으로 미팅 약속을 잡은 사람 (그들의 명단에서 사업설명을 들을 사람들을 위한 미팅)

　프로스펙트 중에는 이러한 과정을 순식간에 해치우는 사람이 있는가 하면, 단계마다 격려하고 부추겨야만 하는 사람도 있다. 상대방의 필요에 맞춰 도와줄 준비를 해라. 처음의 팔로우스루 미팅은 사업설명을 한 후 24시간에서 48시간 이내에 이루어져야 한다. 이 사업에 대한 그들의 호감도가 최고에 달해 있고, 그들의 머릿속에 가능성이 생생하게 남아 있을 때가 기회의 창이다. 얼굴을 마주 보고 만나는 것이 가장 좋지만, 그것이 여의찮다면 전화를 걸어라.

꿈을
재방문하라

 미팅에서는 항상 깨어 있고 신경을 집중하며 열정을 가져라. 당신은 누군가가 사업을 시작하는 것을 돕고 있다. 당신이 즐겁고 희망차고 가능성으로 가득 찬 분위기를 이끌어 내야 한다. 먼저 몇 분간 시간을 내 상대방과의 관계와 꿈에 다시 불을 지펴라. 이때 이렇게 말할 수 있을 것이다. "지난번에 말했던 보트 있잖아요? 당신이 그것을 살 수 있도록 꼭 도와야겠어요. 제가 좀 빌려 쓰게 말이에요."

 우리는 사람을 이용해서 이 사업을 키우지 않는다. 우리는 사업을 이용해서 사람을 키운다. 그런데 상대방에게 중요한 것이 무엇인지 모른다면 당신은 상대방을 키울 수도, 사업을 진행하도록 도울 수도 없다. 그러므로 사업설명을 한 후에는 항상 꿈과 목표,

가족의 이름 등 그 사람에게 중요한 것을 기록해 기억하도록 한다.

 이 사업에서는 모든 것이 인간관계에 달려 있다. 그러므로 함께 있으면 즐거운 사람이 되도록 노력하라. 사람들은 함께 있을 때 기분 좋은 사람 주변에 있고 싶어 한다. 사람들에게 그들의 특별한 장점을 말해 주고 그 장점이 사업에 어떻게 이점으로 작용할지에 대해 들려주어라. 칭찬은 구체적으로 하고 상대방의 성공을 그려주는 것으로 대화를 시작하라.

관심도를
결정하라

일단 관계를 다시 형성하고 꿈을 불러들였다면 그들의 관심도를 결정해야 한다.

"이 사업에 대해 어떤 입장을 취하겠습니까?"라거나 "제가 남기고 간 자료 중에 어떤 것이 가장 마음에 들었습니까?" 혹은 "먼저 그룹에 당신의 자리를 확보하는 것에 대해서는 어떻게 생각하세요?"와 같은 질문을 하면 상대방이 얼마나 사업을 시작할 준비가 되었는지를 결정하는 데 도움이 된다.

어떤 사람은 곧바로 사업을 시작하고 싶어 할 것이고, 어떤 사람은 질문이나 반대의견이 있을 것이다. 또 어떤 사람은 소비자가 되고 싶어 할 것이고, 어떤 사람은 사업에 전혀 참여하고 싶어 하지 않을 것이다. 필드의 전문가로서 당신은 프로스펙트의 결정을 객관적으로 받아들일 수 있어야 한다. 프로스펙트가 자신의 관심도를 말했을 때 기뻐하거나 반대로 실망스러워 화를 내는 것은 자연스러운 일이다. 특히 잔뜩 기대하고 있었다면 더욱 그럴 것이다. 그러나 감정이 고조 되면 지성은 떨어지게 마련이므로 최선을 기대하되, 그보다 못한 결과가 나올 수 있다는 것도 염두에 두어야 한다.

거절하는 사람에게는 다른 사람을 소개받아라.
"밥, 당신은 아직 이 사업에 참여할 생각이 없는 것 같네요. 괜찮아요. 우리는 앞으로 2주일 동안 그룹의 중요한 자리에 적합한 사람들을 찾을 겁니다. 혹시 좋은 후보자가 될 만한 사람이나 우리에게 적합한 사람을 아세요?"

소개받은 사람에게 전화를 걸 때는 이렇게 말하면 좋을 것이다.
"저는 _____입니다. 우리는 만난 적이 없지만, 밥의 소개를 받고 이렇게 연락드렸습니다. 저는 지금 사업 프로젝트를 진행하고 있는데, 우리가 찾고 있는 대상에 당신이 적합할 것 같다고 밥이 그러더군요. 아무것도 약속할 수는 없습니다만 사업 아이디어를 살펴보실 생각이 있으십니까?"

전혀 모르는 사람을 만나는 것보다 소개로 만나는 것이 훨씬 더 강한 인간관계를 쌓을 수 있으므로 시간을 내 소개 해 줄 사람이 있는지 꼭 물어보라.

"노"라고 말하는 사람은 소비자가 될 가장 좋은 후보자이다. 그들에게 제품을 소개하고 샘플을 제공하라. 또한 판매하는 제품들의 혜택, 편리함, 정책 등에 관해 설명하라. 상대방이 원하는 만큼 많은 제품을 애용해 주기를 바란다는 것을 알려라.

질문에 대한 응답과 반대 극복

질문이나 반대의견이 있는 프로스펙트를 만났을 때는 먼저 그들의 말을 경청하라. 불행히도 모든 프로스펙트가 투명한 것은 아니다. 따라서 질문과 경청, 설득의 기술은 매우 중요하다. 반대에 부딪혔을 때, 상대방의 염려를 깎아내리거나 그들이 틀렸다는 것을 증명해 보이는 것은 물론 구걸하거나 꼬리를 내리고 물러서는 것도 좋지 않다. 우리가 원하는 것은 상대방이 반대하는 이유가 무엇인지를 제대로 이해해서 문제의 요지를 파악하고 상대방을 돕는 것이다.

사람들이 반대하는 이유는 보통 대여섯 가지로 집약된다. 시간

및 돈이 없다거나 판매하기 싫다는 등이 그 이유이다. 자주 접하는 반대 이유에 대한 대답을 배워 연습하라. 가장 일반적인 질문과 반대에 대한 훌륭한 답변의 예가 이 책의 마지막 부분에 제시되어 있다. 필요할 때마다 읽고 그런 반대를 접했을 때 어떻게 대처할 것인지 생각해 보라.

대부분의 프로스펙트는 결정을 내리기 전에 두세 가지의 반대 이유를 댄다. 이때, 그러한 질문과 반대가 반드시 관심이 없음을 뜻하는 것은 아니라는 점을 이해해야 한다. 사실, 관심이 없으면 질문조차 하지 않는다. 생각을 하는 사람들이 질문도 하게 마련이다. 질문을 한다는 것은 그들이 고민하고 있다는 신호이다.

질문과 반대는 잘 모르는 것에 관해 결정하기를 피하려는 반사 작용과 같다. 또한 정말로 걱정되는 것에 관해 묻기 전에 겉으로 빙빙 돌며 이것저것 물어보는 것이 일반적이므로, 귀 기울여 듣고 장황하게 대답을 늘어놓는 대신 핵심적인 질문이 나올 때까지 기다려야 한다. 핵심 문제를 해결했을 경우, 표면적으로 드러났던 문제는 대개 스스로 풀리게 된다.

예를 들어 누군가가 이렇게 말했다고 해보자. "아는 사람이 많지 않아요."

당신은 본능적으로 그 문제에 대해 해결책을 제시하고 싶을 것이다. 하지만 대답하는 대신 질문을 하라. "아는 사람이 많지 않은 것 말고 사업을 하고 싶지 않은 다른 이유가 또 있습니까?" 이러한 질문을 하면 상대방이 걱정하는 것을 모두 파악할 수 있다. 그다음에는 가장 중요한 것부터 먼저 해결하라. 상대방이 모든 걱정을 털어놓았다고 생각되면 다음의 질문으로 확인하라. "이 문제들을 해결했을 경우, ____(상대방의 꿈이나 목표)를 성취하는 것을 방해할 만한 다른 것이 또 있을까요?"

모든 질문에 대답하는 대신, 그들의 질문에 대한 대답이 실려 있는 음원이나 책을 권하라. 이 사업에서 성공한 리더 중에는 마음을 울리는 성공자의 이야기를 들었던 것이 사업을 하게 된 결정적인 요인이었다고 말하는 사람이 매우 많다.

표면을 덮고 있는 모든 연기를 걷어내면, 대부분 사람은 '이 사업을 해야 하는 근본적인 동기부여 요인'을 가지고 있다. 또한 그들은 이 사업에 대해 근본적인 반대 이유를 하나씩 가지고 있는데, 이를 해결해 주지 못하면 그들은 떠나게 된다. 이 두 가지 요인을 찾아내는 능력과 반대를 극복하는 능력, 이유를 확대시키는 능력이 커지면 커질수록 사람들을 사업에 참여시키는 당신의 능력도 향상될 것이다.

프로스펙트의 걱정을 확인하고 그 사람이 해결책을 찾고 있는지 알아보라.
"아는 사람이 많지 않아서 걱정이시군요. 사실, 저는 당신이 이 사업을 성공시킬 수 있을 만큼 아는 사람이 아주 많은지 잘 모릅니다. 제가 아는 것은 우리에게 당신을 도울 수 있는 프로그램이 있다는 사실입니다. 진정으로 이 사업이 당신에게 해줄 수 있는 보상에 초점을 맞추고 싶다면 말이죠."

많은 사업자가 흔히 이렇게 말한다.
"살아온 세월이 벌써 30년이 넘습니다. 당신은 아는 사람이 아주 많습니다. 선생님, 의사, 부모님…" 그러면 프로스펙트는 자신이 했던 말을 방어하게 되고 결국 언쟁으로 이어지고 만다. 물론 당신은 언쟁에서 이길 수도 있다. 그러나 전쟁에서는 지고 만다. 사람들과 언쟁하거나 상대방의 말을 깎아내리지 마라. 그들에게 동의하라. 왜냐하면 그들은 정말로 자신이 반대하는 이유를 믿고 있거나, 아니면 누군가에게 재확인을 받고 싶어 하는 것뿐이기 때문이다.

상대방의 말에 동의하고 다시 그들이 얻게 될 보상으로 초점을 돌려라.

"맞아요. 시간이 없죠. 생활을 유지하기 위해 일을 두 가지나 하고 계시다니 가족과 함께 보낼 시간이 부족할 겁니다. 그래서 쉽지 않다는 걸 잘 압니다. 하지만 한번 생각해 보십시오. 만약 일주일에 몇 시간을 내서 당신의 사업을 키우고, 두 번째 직장에서 버는 수입을 대체 할 수 있다면, 그리고 몇 달 만에 두 직장에서 버는 수입을 대체할 수 있다면 어떻겠습니까? 직장을 그만두고 다시는 다른 사람을 위해 일하지 않아도 된다면 그것은 어떤 가치가 있을까요? 그것을 성취하기 위해 당분간 시간의 우선순위를 바꿔볼 가치가 있지 않을까요?"

상대방의 이야기를 들으며 당신은 "이 사람이 해결책을 찾고 있는가 아니면 변명거리를 찾고 있는가?"에 대한 해답을 찾아내야 한다. 이유가 합당한 염려를 하면서 꿈을 이루는 길을 막고 있는 장애물을 진정으로 극복하고 싶어 하는 사람은 언제든 도울 수 있다. 그러나 변명거리를 찾는 사람은 당신이 무슨 말을 하든 혹은 어떤 행동을 하든 도울 수 없다. 그 사람이 도움을 받는 데 관심이 없기 때문이다.

예를 들어 사업자들은 종종 친구들로부터 이런 말을 듣는다.
"네가 백만 달러를 벌면 나도 해볼게."
이 말은 결국 당신이 끝까지 이 사업을 해낼 것이라고 믿지 않는다는 뜻이다. 그러한 친구는 준비도 되지 않았을뿐더러 당신의 그룹에 참여시킬 좋은 후보자도 아니다. 그를 설득하려 애쓰지 말고 다른 사람을 후원하라.

변명하는 사람을 골라내는 가장 좋은 방법은 명료성이다. 애매한 것에 만족하지 말고 구체적인 답을 얻어내라. 우리가 프로스펙트로부터 가장 흔하게 듣는 말은 "생각해 보고 전화해 줄게요"라는 것이다. 대부분의 사업자는 집으로 돌아가기 위해 운전할 때라야 비로소 "무슨 생각을 한다는 거지? 정말로 전화 할까?"라고 궁금해한다. 운전대는 그 질문에 대한 대답을 할 수 없지만 프로스펙트는 할 수 있다. 그러니 프로스펙트에게 직접 물어보라.

누군가가 생각해 본다고 하면 이렇게 말하라.

"무엇에 대해 생각하셔야 하는데요? 질문이나 걱정되는 것이 있으면 지금 얘기해 보세요. 저와 함께 의논해보도록 하죠." 혼자서 생각하는 게 낫겠다고 대답하면 무엇에 대해 생각할 것인지, 어느 정도의 시간이 필요한지 물어보라. 상대방이 전화하겠다고 하면 언제 전화할 것인지 물어보고 구체적인 날짜를 정하라. 그렇게 하면 상대방이 전화하지 않았을 때 당신이 전화할 수 있다.

질문을 받으면서 불편해하면 상대방이 어떤 생각을 하고 있는지 알아야 팔로우스루를 잘할 수 있으므로 매우 중요한 질문이라고 알려주어라. 계속 미소를 머금고 차분한 태도를 유지한다면 이런 질문을 하는 데 무리가 따르지 않을 것이다. 상대방이 모든 문제에 대해 돌려서 말한다면, 그는 변명을 찾고 있을 가능성이 크다. 이 경우에는 차라리 상대에게 "노"라고 말할 수 있는 기회를 주고, 이런 식으로 신경전을 벌이는 것에는 관심이 없다는 것을 알려라. 이렇게 말하면 좋을 것이다.

"밥, 생각을 더 해봐야 한다면 그렇게 하세요. 이건 중요한 문제이므로 당신이 제대로 된 결정을 내리길 바랍니다. 그러나 당신이 단순히 변명거리를 찾고 있는 거라면 저에게 그렇다고 말씀해

주시면 좋겠습니다."

"노"라고 말할 수 있는 기회를 주면 "노"라고 말할 것이다. "노"라고 말하기 어려운 상황을 만들면 그들은 정면충돌을 피하기 위해 "글쎄요"라고 대답할 것이다. 물론 그 속뜻은 "노"이다. "예스"와 이야기할 수 있는데 "노"에게 시간을 낭비할 필요가 어디 있는가?

사업에 대한 프로스펙트의 관심이 진지한 것인지 아닌지는 그들의 말에서가 아니라 행동에서 드러난다. 당신이 준 음원을 들었는가? 책을 읽었는가? 미팅에 참석했는가? 사람이 우선순위를 두고 있는 것은 행동으로 드러나게 마련이다.

반대의견에 대처할 때, 장황하게 설명하려 하지 마라. 스스로 해결책을 제시하기보다 질문을 하라. 예를 들어 누군가가 "코스트코에 가면 물건을 더 싸게 살 수 있어요"라고 말했다면 이렇게 대응하라.

"항상 싼 물건만 사는 것은 아니죠? 싸지 않은 물건을 살 때는 어떤 이유로 그러셨죠?"

"당신의 가게에서 물건을 사고 싶게 만들 만한 이유가 있다면 그것은 어떤 것일까요?"

때로 우리는 불확실한 상태에 머물러 있는 사람들을 만나기도 한다. 그들은 사업을 하고 싶어 하면서도 이런저런 이유로 최종 결정을 내리지 못한다. 그들이 올바른 결정을 내렸다는 확신을 주기 위해 그들에게 최고와 최악 그리고 현실적인 시나리오를 제시하라. 그 방법은 다음과 같다.

당신 : "밥, 결정을 내리는 데 어려움을 겪고 계시는군요. 지금부터 어떤 일이 생길 수 있는지 가능한 시나리오를 제가 제시해 드릴게요. 몇 달 안에 그룹이 100명으로 늘어나고, 1년에 1,000명으로 늘어난다면 기쁘시겠어요?"

밥 : "물론이죠."

당신 : "물론 그렇겠죠. 그것이 최고의 시나리오입니다. 이제 당신이 우리 사업에 참여하고 훌륭한 교육 프로그램과 제품, 큰 쇼핑몰에 접근할 수 있게 되었다고 합시다. 그런데 사업은 전혀 하지 않기로 정했다고 가정하죠. 그러

면 당신은 당신이 구매하는 모든 제품에 대해 보너스를 받고 집까지 배달해 주는 편리한 택배 서비스를 누린다면 괜찮겠습니까?"

밥 : " 그럼요."

당신 : " 좋아요. 이제 현실적인 시나리오에 관해 이야기 하죠. 오늘 밤에 당신이 사업을 시작해서 몇 주 동안 우리가 함께 몇 사람을 등록시켰다고 합시다. 몇 달이 지나면 당신의 그룹에는 25명 이상이 있을 겁니다. 1년이 끝날 때쯤에는 그룹에 100명 이상의 사업자가 있고, 한 달에 500달러에서 2,000달러의 수입을 얻게 됩니다. 재정적으로 좀 더 안 정적이고 가족과 함께 보낼 수 있는 시간도 더 많아졌죠. 밥, 당신에게 그런 일이 일어난다면 라이프스타일이 더 좋아지지 않을까요?"

밥 : " 그럼요, 그렇겠죠."

당신 : " 그럼 제가 한 가지 질문을 하죠. 밥, 현실적인 시나리오나 최고의 시나리오가 나올 수 있으니 최악의 경우를 감수하고 한번 해보실 생각이 있으세요?"

밥 : " 네, 해보죠."

당신 : " 그렇다면 제가 권해 드리고 싶은 것은…"

이 사례에서는 밥에게 가능성을 구체적으로 제시해줌으로써 잘못된 결정을 내릴지도 모른다는 두려움을 제거해 주고, 최악의 경우를 터놓고 이야기함으로써 상대방에게 신뢰도 얻게 된다.

우리 사업의 많은 리더가 반대를 극복하는 방법으로 '느끼고 느꼈고 알아냈다'라는 방법을 추천한다.

"당신이 어떻게 느끼는지 잘 압니다. 저도 똑같이 느꼈어요. 하지만 제가 알아보니…"

정확히 같은 단어를 사용하지 않더라도 이 방법은 효과가 있다. 왜냐하면 당신의 경험을 상대방과 공유하기 때문이다. 이런 종류의 이야기는 당신이 진심으로 이해하고 있다는 것을 보여주며, 개인적인 것이므로 더욱 큰 영향력이 있다.

예를 들어 누군가를 미팅에 초대하면서 이렇게 말한다고 해보자.

"밥, 다음 미팅에 가면 정말 좋을 거예요. 며칠, 몇 시에 어디에서 있거든요. 사업설명을 다시 한번 듣고 그룹을 직접 만나면 많은 것을 배울 수 있을 거예요."

이 예에서 당신은 밥에게 정보를 제공했다.

이제 비교해보자. "밥, 저도 당신처럼 이 사업 아이디어를 처음으로 들었을 때 '나도 정말 이 사업으로 성공할 수 있을까?'에 대해 생각했던 기억이 나요. 미팅에 가서 이 사업을 하는 다양한 사람들을 만나보고 나서야 모든 것이 이해되기 시작하더라고요. 그날 밤 젊은 남자가 사업설명을 했는데 이 사업을 통해 어떻게 재정적 자유를 얻었는지 말했어요. 제가 궁금해했던 많은 질문에 답해 주었고, 이 사업이 진짜처럼 느껴지더라고요. 시간이 지날수록 이 사업을 할 수 있을 거라는 느낌이 강해졌어요. 지금은 그날 몇 시간을 내서 이 사업을 알아보았던 것이 얼마나 감사한지 몰라요." 차이가 느껴지는가? 같은 반대에 계속 부딪힌다면 그 내용을 사업설명에 포함시키는 것도 생각해 보라. 다시 말해, 프로스펙트가 물어보기 전에 사업설명을 하면서 그 문제를 해결해 버리는 것이다.

(Leader Stories) 온라인으로 쇼핑하기 싫어서 사업을 못 하겠다는 의견에 많이 부딪힌 한 리더는 아예 그것을 사업설명에 포함하기로 결심했다.

온라인 쇼핑의 메가트렌드에 관해 설명하면서 그는 이렇게 말했다. "여러분이 온라인 쇼핑을 좋아하는지 싫어하는지가 중요한 것이 아닙니다. 온라인에서 쇼핑을 할 의지가 있는지가 중요한 거죠. 여성 옷가게 사장은 여성만 하는 것이 아니지 않습니까? 도넛 가게를 하면서 돈을 번다고 꼭 도넛을 좋아해야 하는 것은 아니죠. 개인적으로 무얼 좋아하는지가 중요한 것이 아니라, 시장의 트렌드를 이해하고 그것을 현명하게 활용해 돈을 벌 수 있느냐가 중요한 겁니다. 여러분이 좋아하든 말든 사람들은 어차피 온라인으로 쇼핑 할 겁니다. 그리고 여러분이 참여하든 말든 이 메가트렌드는 일어납니다. 그렇다면 한 가지 질문을 하겠습니다. 그 트렌드를 이용해서 돈을 버실 겁니까?"

프로스펙트들이 결정 하도록 이끌 때, 처음부터 거창한 결정을 내리도록 부담을 주는 대신 아기 걸음마처럼 쉬운 것부터 결정하도록 도와라. 긍정적인 설득의 기술을 다룬 「위협 없는 승리」에서 저자 밥 버그는 긍정적인 질문을 하라고 말한다. 그는 다음의 예를 들었다.

누군가를 저녁식사에 초대하려 할 때, 다음 중 어떤 질문이 가장 긍정적인 응답을 얻어낼 수 있을까?

1. "저랑 저녁 식사하러 가실 생각 없죠?"

2. "저랑 저녁 식사하시겠어요?"
3. "우리가 저녁 식사를 하러 간다면 어떤 레스토랑에 가장 가고 싶으세요?"

"예스"라는 범위 내에서 응답 하도록 설정된 질문은 3번 밖에 없다. 질문을 받은 사람이 "저는 랍스터 하우스 레스토랑에 가보고 싶어요"라고 대답했다면 그들은 실제로 "예, 저는 당신과 랍스터 하우스 레스토랑에서 저녁 식사를 하고 싶어요"라고 대답한 것이나 마찬가지이다.

이런 종류의 질문은 대답도 하기 전에 이미 머릿속으로 자신이 함께하는 그림을 그리도록 하며, 어려운 결정을 내려야 하는 부담을 덜어준다. "예, 하겠어요"라고 대답하는 대신, "내가 만약 한다면, 나는…" 이라고 대답할 수 있기 때문이다.

긍정적인 답변을 얻어낼 수 있는 질문 사례를 몇 가지 더 들어보자.
"사업을 한다면, 다음 그룹미팅에 참석할 수 있는 시간이 있을 것 같나요?"

"아내와 함께 사업을 살펴보았는데 아내가 흥미를 보인다면, 얼마나 빨리 그룹원들과 만나고 싶을 것 같으세요?"

"처음으로 전화한 사람이 사업에 참여하는 것이 확실하다면, 가장 먼저 누구에게 전화를 걸고 싶으세요?"

"당신이 이 사업을 하기로 했다면 사업을 하기로 결정한 가장 큰 이유는 뭘까요?"

사업에 참여할 준비가 되었을지라도 사람들은 여간해서 "저는 준비가 되었습니다" 라거나 "등록할게요"라는 말을 하지 않는다. 일반적으로 사람들은 "뭐, 손해 볼 것은 없겠네요" 같은 말을 한다. 혹은 참여에 관한 질문을 하기도 한다. "무슨 일을 하게 되죠?" 라거나 "다음 미팅은 언제인가요?" 라는 질문을 하는 것이다. 이런 종류의 질문을 들으면 대화의 주도권을 잡고 대답하라.

"제가 권하는 것은 이것입니다. 먼저 등록합시다. 그리고 화요일 미팅에 나오셔서 그룹원들을 만나면 되겠네요. 오늘 미팅에서 어떻게 진행할 것인지 함께 적어보도록 하죠."

믿음을 키워라

팔로우스루 과정을 진행하는 동안 프로스펙트의 믿음을 키워주어야 한다.

"우리는 재정적 자유를 얻게 될 거예요."

"함께 사업을 키우면서 정말 즐거운 일이 많을 겁니다."

반드시 상대방에게 중요한 것에 초점을 맞춰 이야기하라.

"아마도 당신은… 아마도 우리는…"

아직 믿음이 약한 상태일 때, 프로스펙트에게 올바른 결정을 내렸다는 것을 강조하고 그 사람에 대한 믿음을 말로 표현함으로써 확신을 주어야 한다.

믿음을 키우는 일은 처음의 팔로우스루 미팅 한 번으로 끝나지 않는다. 시들한 결혼생활을 바라지 않는다면 결혼한 후에도 배우자를 계속 사랑한다는 감정을 표현해야 한다.

마찬가지로 작은 규모의 사업을 원하지 않는다면 파트너들을 지속해서 격려하라. 그들이 이미 이 사업을 할 능력을 모두 갖추고 있으며 또한 이 사업은 매우 가치 있는 사업이라는 것을 반복해서 들려주어야 한다. 그 이유는 '믿음'이라는 것은 끊임없는 시험을 받기 때문이다.

그룹 안에서 강한 믿음을 키우는 열쇠는 재치 있는 유머에서 찾을 수 있다.

"사업자가 판매하고 있다는 것을 어떻게 알 수 있지?" "입이 움직이고 있잖아."

판매를 멈추지 마라. 우리는 이를 프로모션(Promoting)과 에디파이(edifying)라고 한다. 이 사업의 모든 면에 대해 끊임없이 프로모션하고 에디파이하라. 스폰서를 프로모션하고 들었던 음원과 읽었던 책, 교육 이벤트, 자료, 제품, 감동적인 고객서비스 경험, 유리한 경제 트렌드, 사람들이 이뤄나가고 있는 성공 등 모든 것에 대해 언제나 프로모션하라.

# 시작하라

 지금까지 우리는 명단작성, 초대, 사업설명 그리고 팔로우스루 과정에 대해 다루었다. 이제 당신 그룹에 새로 합류한 신규 사업자에게 이 과정을 가르쳐줄 시간이다.

 사업설명과 마찬가지로 우리는 모든 것을 단순하게 유지하는 것이 좋다. 당신이 혼란스러워하거나 주저하는 모습을 보이면 의심이 생기게 된다. 의심이 생기면 활동은 멈춘다. 그러므로 기본을 따라라. 사람들에게 가르쳐야 할 것은 오직 단순한 다섯 단계 명단작성, 초대, 사업설명, 팔로우스루, 과정 반복뿐이다. 이 과정을 충분히 반복하면 돌아서서 다른 사람에게 같은 것을 하도록 가르칠 수 있다. 아주 단순하다.

신규 파트너가 사업을 시작하도록 도울 때, 그들에게 앞으로 살 날이 30일밖에 남지 않았다고 상상하고 생각하게 하라. 즉, 그들의 발밑에서 풀이 자라기 전에 일이 일어나도록 만들어라. 결과가 빨리 눈에 보여야 사람들의 믿음이 외부의 영향을 받지 않는다. 처음부터 행동할 수 있도록 도와 열정이 식지 않게 하라.

명단을 작성하는 것이든 제품을 주문하는 것이든, 그들이 성공하는 데 필요한 것이라면 처음부터 자세하게 알려주는 것이 좋다. 행동으로 옮기는 데 주저하는 사람이 있다면 사람과 제품 없이는 그들의 사업이 커지지 않는다는 설명을 해 주어라. 이렇게 말하면 좋을 것이다.

"저도 당신이 제품을 주문하고 사람들에게 사업 이야기를 하기 전에 먼저 이 사업에 대해 완전히 편안해질 때까지 기다리고 싶어요. 하지만 솔직히 말해 한두 달이 지났는데도 사업상의 결과가 나오지 않으면 당신은 포기하고 이 사업은 안되는 사업이라고 생각할 겁니다. 저는 사람들에게 실패하는 환경을 조성하고 싶지 않습니다. 당신이 성공하도록 돕는 것은 제 책임입니다. 당신이 지금 당장 시작할 준비가 되지 않았다면, 괜찮습니다. 당신을 소비자로 관리할 수도 있습니다. 하지만 당신이 준비가 되었다면 제대로 해서 수입이 들어오도록 해봅시다."

 전혀 매출을 일으키지 않거나 명단작성을 꺼리는 사람을 등록시켜 시간을 낭비할 필요가 있는가?

LOS(Line of Sponsorship) 라인을 확인할 때마다 그 사람 이름 옆에 볼륨이 0으로 나오는 것을 보면 당신도 힘이 빠질 것이다. 실제보다 쉬운 것처럼 보이게 하여 프로스펙트를 설득하지 마라. 그 대신 당신의 그룹에 참여하면 더 큰 것을 기대할 수 있다는 것을 보여주어라. 신규 사업자에게 사업이 실제로 성장하는 것을 목격하는 것보다 더 크게 동기부여를 주는 것은 없다. 사람들이 사업을 제대로 시작하도록 도왔다면 결과는 반드시 나오게 된다. 첫 번째로 받는 보너스, 처음 생긴 파트너 사업자, 처음으로 무대에 서는 것이 사업자에게 사업을 더욱 쉽게 키울 수 있는 동기부여가 될 것이다.

6장

리더십과 복제 Lead

리더는 헌신한다

리더십 연속선

꿈의 경기장

충고를 받아들이기 전에

리더는
헌신한다

 우리 사업의 근본 철학은 단 한마디, '복제'로 요약할 수 있다. 복제는 목표이다. 복제는 마법이다. 복제는 우리가 꿈꾸는 삶을 살 수 있도록 만들어준다.

 당신이 사업을 키우는 방법을 배우는 유일한 길이 당신 혼자만의 노력으로라면, 당신이 손에 쥔 것은 겉보기에만 화려할 뿐이다. 당신 없이는 사업이 굴러가지 않기 때문이다. 당신 자신의 육체적 노력 범위를 벗어나 사업을 성장시키려면 복제가 필요하다. 제대로만 된다면 복제는 '보상받는 자유'와 마찬가지이다. 당신이 꿈꾸던 라이프스타일을 누리면서 지속적으로 돈을 받는 것이다.

당신이 오늘 사업에 쏟아붓는 노력과 같은 노력을 열 명, 백 명, 천 명, 아니 만 명이 하고 있다면 어떨지 한번 상상해 보라. 그것이 즐거운 음악 소리처럼 들린다면 당신은 제대로 된 길에 들어선 것이다. 그렇지 않다면 복제의 가장 필수적인 요소, 즉 당신이 변화해야 한다는 뜻이다.

피할 수 없는 사실은 당신이 리드하기로 결정하든 말든 당신 그룹의 사람들은 당신에게서 리더십을 찾을 것이라는 점이다. 옳든 그르든 당신의 행동은 그대로 답습된다. 당신의 행동은 주변의 모든 사람에게 영향을 미친다는 얘기다. 진정한 리더십은 변명을 멈추고 진지하게 책임을 질 때 시작된다.

훌륭한 그룹을 원한다면 훌륭한 사람이 되어라. 소극적인 사업자들은 그룹 사람들이 행동하도록 동기를 부여할 수 없다. 간디, 테레사, 마틴 루터 킹은 그들이 믿었던 종교 때문에 사람들에게 영감을 준 것이 아니다. 그들이 수백만 명에게 영감을 준 것은 수많은 장애물에도 불구하고 자신의 소명에 삶 자체를 헌신했기 때문이다. 우리 사업에서 훌륭한 리더들을 잘 살펴보면 다음과 같은 것에 헌신한다는 점을 깨닫게 될 것이다.

교제 성공의 80퍼센트는 적극적으로 모임에 참석하는 것에 달려 있다. 사업을 하는 동안 그룹 구성원이 당신의 한결같은 행동을 확신하지 못하면 당신을 믿지 못한다. 그룹의 리더들이 참석하는 모든 미팅에 참석하겠다는 결정을 내리고 그대로 지켜라. 리더들이 시간을 내 그 자리에 올 만한 가치가 있다고 판단했다면 당신의 시간도 낼 만한 가치가 있음을 뜻한다. 스케줄을 짜고 미팅에 필요한 준비를 미리 해놓아라.

당신은 수익성이 당신에게 달려 있는 구전광고 사업을 하고 있다. 이 사업은 일반적인 매스컴 광고를 하지 않는다. 따라서 당신 스스로 광고를 해야 한다. 제품과 서비스에 대해 걸어다니며 말하는 광고맨이 되어라.

제품에 대한 충성도와 수익성에 대해 그룹을 교육하고 있지 않는다면, 그들에게 실패할 환경을 조성하고 있는 셈이다. 이 사업에서는 제품 볼륨 없이는 수익성도 없다. 만약 그 기대치를 처음부터 설정해 놓지 않았다면 수익성의 배는 이미 물 건너간 것이다. 그렇다고 이런저런 쓸데없는 제품을 잔뜩 사라는 말이 아니다.

그리고 긍정적인 프로모션에 대해 자랑스럽게 이야기하라. 미팅, 교육 행사, 그룹의 목표, 단합, 재미, 기쁨, 수익성, 차이를 만들어나가는 것 등 사업을 성장하게 하고 수익을 창출하는 것에 초점을 맞춰라. 사람들의 좋은 점을 프로모션하고 당신이 사랑하는 제품과 서비스를 프로모션하라. 당신이 어떤 문제점이나 해결책의 일부가 아니라면, 그것에 대해 아예 언급하지 마라. 문제점을 부각시키는 데 말을 낭비하지 말고 해결책을 찾는 데 초점을 맞춰 그룹 내에 긍정적인 분위기를 만들어라.

개인적 성장, 우리 중에는 자신의 한계에 도전하고 성장 하는 것에 익숙하지 않은 사람이 많다. 어쩌면 그것은 같은 일을 반복하면서 안전지대 밖으로 나가도록 도전받지 않는 위치에서 오랜 세월을 보냈기 때문인지도 모른다. 이 사업을 키우다 보면 기존의 편안한 패턴이 적용되지 않는다는 것을 금방 깨닫게 된다. 성공하기 위해서는 한 번도 해보지 않았던 것일지라도 해보아야 한다.

우리의 리더들이 만들어 놓은 개인적, 전문적 개발 프로그램보다 성장을 이루기에 더 좋은 것은 없을 것이다. 개인적으로 혼자서 성장을 추구하는 것보다 그룹과 함께 성장해 나가는 것이 훨씬 더 위안이 된다. 특히 본받을 수 있는 사례가 많을 때 리더로 성장하기가 훨씬 쉬워진다. 살아가면서 우리는 재정 상황, 가족 문제, 그밖에 다른 여러 가지 문제로 에너지와 믿음을 빼앗기고 조금은 지치게 된다. 시스템은 끊임없는 격려와 긍정적인 영향력을 제공해 우리가 계속 앞으로 나아갈 수 있도록 도와준다.

또한 당신은 존경할 만한 멘토가 있는가? 멘토는 당신이 안전지대를 벗어나 한계에 도전하게 하고 당신을 최고의 모습으로 성장시킨다. 친구는 당신이 하는 말에 동의해 주고 변명을 받아주는 반면, 멘토는 도전하고 변명을 벗어던지고 일어서도록 격려한다. 하지만 아무리 멘토가 훌륭할지라도 당신이 노력하지 않으면 멘토의 도움은 물거품이 되어 버린다.

(Leader Stories) 릭이 처음으로 사업을 시작했을 때, 그는 대부분의 사람들과 마찬가지로 상황이 너무 어려워 극복할 수 없다고 생각했다. "이런저런 문제로 고민스러울 때 저는 멘토를 찾아가 '이봐요, 이 문제에 둘 다 한번 두들겨 맞아 볼까요?'라고 말하곤 했습니다. 하지만 제 멘토는 그렇게 생각하지 않았죠. 멘토는 저에게 자

세에 대해 가르쳐주었습니다. 멘토는 이렇게 말하곤 했죠. '평범한 사람이라면 그 문제에 매달릴 겁니다. 당신은 어떻게 할 겁니까?' 또 다른 때는 이렇게 묻곤 했습니다. '돈을 더 벌고 싶어요?' 물론 저는 그러고 싶다고 대답했습니다. 그러면 멘토는 이렇게 말했습니다. '그 말이 진실이라면 문제를 해결할 방법을 찾아보십시오.' 때로 멘토에게 화가 나기도 했지만, 그는 제가 문제를 키우는 사람이 아니라 문제를 해결하는 사람이 될 수 있도록 가르치고 있었던 겁니다."

장기적인 사업에는 항상 굴곡이 있다. 어떤 날은 세상이 모두 적인 것처럼 느껴지기도 하고 또 다른 날은 모든 것이 척척 풀려 나가기도 한다. 리더도 바닥을 칠 때는 우리와 똑같은 감정을 느낀다. 하지만 리더는 어려움에 휘둘리는 대신, 사업의 변화를 판단하고 큰 그림을 보는 데 집중한다. 예를 들어 어느 한 미팅의 결과에 따라 사업의 성패를 가름하는 것이 아니라 여러 번의 사업설명을 한 후에 전반적인 진행 상황을 평가한다. 한 달간 '한번 시도해 보는' 대신 그들은 1년간 정직한 노력을 다하는 것이다.

나폴레옹은 유능한 군인을 대변하는 특징은 용기가 아니라 인내라고 했다. 마찬가지로 사업자의 가장 중요한 것은 끈기, 즉 꾸준히 목표를 향해 나아가는 능력이다.

　스폰서와 마주 앉아 당신이 성취하고자 하는 목표가 무엇인지에 대해 이야기를 나누어라. 그것을 이루려면 어떤 노력을 해야 하는지 알아내라. 사업설명은 몇 번을 해야 할까? 목표를 성취하기 위해 무엇을 해야 할까? 당신이 이제 막 사업을 시작했다면, 사업설명 날짜를 잡아라. 그룹의 행사에서 어떤 종류의 인정식이 있는지 알아보고 다음 행사에서 무대에 오르기 위한 목표를 세워라.

　사업의 필수적인 요소들을 기준으로 목표를 세우라. 성취 레벨, 개인 볼륨, 그룹 볼륨, 신규 사업자 숫자, 교육 행사에 참석하고 있는 사업자 숫자, 그룹에서 사업설명을 하고 있는 숫자 등을 기준으로 목표를 세워라. 특히 당신의 목표를 그룹의 핵심 멤버들의 성취와 연결 지으면 리더십을 개발하는데 도움이 될 것이다.

　목표를 성취하지 못했다면 다시 설정하라. 달성하지 못했다고 목표 설정 자체를 포기해서는 안 된다. 그것은 집에 제 시간에 도착하지 못했다고 해서 자동차를 내다 버리는 것과 마찬가지로 우스운 일이다. 목표를 너무 높이 설정했거나 그에 필요한 노력을 제대로 이해하지 못했을 수도 있다. 경험으로부터 배우고 앞으로 나아가라. 목표를 달성했다면 다음 달에는 좀 더 목표를 높이 잡아 계속 자신의 한계에 도전하라.

 목표를 달성하지 못한 채로 오래 두면 더 이상 동기부여가 되지 않고, 오히려 의욕을 떨어뜨린다. 바꾸고 나누고 다른 각도에서 시도하라. 계속 시도하고 새로운 목표를 재설정하라. 목표를 성취하면 그에 맞는 보상을 자신에게 해주어 그 과정을 강화하라. 한 달에 사업설명 15회라는 목표를 달성했다면 거창하지는 않더라도 맛있는 점심을 사 먹는다거나 핸드폰에 저장하고 싶던 새 앨범을 다운로드하는 정도는 할 수 있을 것이다.

 어쩌면 책임을 물을 사람이 없기 때문에 목표를 달성하지 못하는 것일 수도 있다. 누구도 캐묻지 않아 한 달, 여섯 달, 심지어 일 년간 아무런 진전이 없었을지도 모른다. 누가 봐도 할 수 있는 목표를 달성하지 않았을 때 당신이 누군가에게 책임을 물어달라고 부탁하지 않는다면 아무도 그렇게 해주지 않는다. 스폰서와 약속 시간을 잡고 도움을 청하라.

책임을 물어줄 파트너가 필요하다고 말하고 어떻게 하면 좋을지 제안해 달라고 말하라.

책임 파트너의 역할은 책임을 지지 않았을 때 그 사람을 불편하게 만들어주는 것이다.

"당신은 이런저런 것을 한다고 했고 그것이 중요한 이유는 이렇다고 했습니다. 당신 스스로 그렇게 말했는데, 어떻게 된 거죠? 당신이 충분히 할 수 있는 것이었는데, 어찌 된 일입니까?"

목표를 설정하고 책임 파트너와 대화하는 것은 당신의 책임이다. 그들이 매일 전화를 걸어 확인해 줄 거라고 기대하지 마라. 당신이 전화를 걸어라.

당신의 사업, 그룹, 성장, 인간관계, 재정, 환경에 대한 책임은 당신에게 있다. 개중에는 사업자가 될 수 있는 권리를 주는 등록서류에 서명했으면서도 여전히 고용인처럼 행동하는 사람도 있다. 스폰서가 다음 행사에 가라고 말해 주거나 제품을 사용하고 목표를 설정하며 전화를 걸라고 말할 때까지 기다린다. 고용인의 사고를 하고 있는지는 어떻게 알 수 있을까? 당신이 사업을 키우지 못하는 이유에 대해 변명을 늘어놓는 것을 보면 알 수 있다.

더 많은 수입을 원하는가? 수익을 만들어라. 미팅에서 더욱 기쁨에 들뜨기를 바라는가? 그렇게 만들어라. 더 나은 리더를 원하는가? 더 나은 리더가 되어라. 당신의 사업이다. 이 사업이 제공하는 후원은 당신에게 당당한 권리가 있어서 갖게 된 것이 아니다. 당신이 축복받아서 얻게 된 것이다. 가진 것에 대해 감사하고 원하는 변화가 있다면 그것을 스스로 만들어 내는 책임을 져라.

(Leader Stories) 릭과 발레리는 파트너의 집 앞에 도착했을 때, 주차된 차들이 보이지 않으면 안도감이 들었다고 한다. 누군가 새로운 사람에게 사업설명을 하는 대신, 그들의 그룹에 있는 사업자들과 인간관계를 돈독히 하며 편안하게 저녁 시간을 보낼 수 있기 때문이다. 한참이 지난 후 릭은 생각 했다. '평생 쉬운 길만 택할 수는 없어. 언젠가는 우리도 진지한 자세로 우리 사업을 키워야만 해.' 이후 릭과 발레리는 모든 것을 중요하게 다루기 시작했다. 단순히 여정을 즐기지 않고 결과에 초점을 맞추기 시작하자 사업이 되기 시작했다.

리더십
연속선

이 사업에는 다음과 같이 리더십 연속선이 있다.

프로스펙트 ➜ 프로슈머 ➜ 견습생 ➜ 프로듀서 ➜ 리더 ➜ 멘토

프로스펙트(prospect) 마음이 열려 있고 더 나아질 수 있는 기회를 찾고 있다. 시간을 내 상황을 개선할 방법을 찾을 만큼 불만족스런 상태이다.

프로슈머(prosumer) 돈을 내고 제품을 주문할 수 있는 권리가 있으며, 다른 사업자를 등록시킬 수 있고 소비자에게 제품을 판매할 수 있다. 이들이 사업 기회에 대해 어떤 행동을 하는지는 오랜 시간이 지나야만 볼 수 있다. 필요한 모든 정보를 갖고 있으면서 여전히 아무것도 하지 않는 사업자는 기본적으로 프로슈머이다.

견습생(apprentice) 열정적으로 배운다. 책을 읽고 사업에 관한 영상 또는 음원을 들으며 세미나나 강의를 통해 그룹 구성원들과 교제한다. 또한 사업설명을 하며 제품 볼륨을 창출한다. 약간의 시간과 결단이 있으면 견습생은 리더가 될 수 있다.

프로듀서(producer) 다른 사업자들을 등록시키고 보너스 차트에서 일정 수준에 도달한다. 명단, 초대, 사업설명, 팔로우스루, 과정 반복이라는 행동의 5단계를 지속적으로 실행하며 그 결과 새로운 사업자들이 그룹에 늘어나고 있다.

리더(leader) 일반 대중보다 한 자리 높은 곳에 위치한다. 이들은 그룹의 성공을 저해하는 작은 생각, 비판, 환경, 그리고 장애물들을 극복한다. 리더는 문제해결사이며 사람들이 해결책에 초점을 맞추도록 돕는다. 또한 끊임없이 그룹에 확신을 불어넣고 긍정적인 프로모션을 행동에 옮긴다. 리더는 목표를 위해 싸우고 그룹 사람들을 위해서는 더 열심히 싸운다. 핵심만 말하자면 리더는 그룹의 훌륭한 봉사자로서 신뢰를 얻는다.

리더는 열심히, 현명하게 일하며 무엇보다 중요한 차이를 만들어내는 결과를 창출한다. 이들은 노력으로 새로운 핀 레벨에 도달하도록 한다.

멘토(mentor) 리더십 연속선의 정점에 위치한다. 멘토는 다른 이들의 가슴에 불을 붙이는 목적과 방향에 대해 깊은 감각을 지니고 있다. 이들에게는 완벽한 확신이 있으며 목표를 위해 싸우고 사람들의 무한한 잠재력을 믿는다. 나아가 뿌리 깊은 인간관계를 형성하며 목표를 함께 실천할 리더들과 멘토들을 키워나간다.

당신이 리더십의 연속선상에서 어느 곳에 위치하든 반드시 기억해야 할 것은, 당신의 그룹 구성원은 누구도 보스를 원하지 않는다는 것이다. 사람들은 이해받기를 원하고 당신이 그들에게 진심으로 관심이 있는지 알고 싶어 한다. 랠프 왈도 에머슨은 이렇게 말했다.

"사람들을 믿어라. 그러면 그들은 당신을 진실하게 대할 것이다. 그들을 위대하게 대접하면 그들은 위대함을 보여줄 것이다."

※잠깐! 프로스펙트, 프로슈머, 견습생, 프로듀서, 리더 그리고 멘토는 연속선상의 리더십의 레벨을 표현하기 위한 것이며, 특정 사업에서 성취 단계로 인정되지는 않는다.

대부분의 신규 사업자는 자영 사업가처럼 생각하지 않는다. 그들은 사소한 것이 아니라 커다란 그림에 집중하는 법을 모른다. 그들은 돈을 쓰는 것과 투자하는 것의 차이를 이해하지 못하고, 지연된 만족을 모른다. 그들 중 많은 이들은 근면성이나 인내를 계발한 적이 한 번도 없다. 그리고 그들은 대개 성공할 수 있다는 말을 한 번도 들어보지 못했다. 그들은 자신에게 꿈꾸는 라이프 스타일을 만들 수 있는 능력이 있다는 것을 모르고 있다.

리더로서 우리는 사람들 속에 숨어 있는 잠재력을 볼 줄 알아야 한다. 그리고 그들 스스로 잠재력을 믿는 방법을 차근차근 가르쳐야 한다. 위대한 선수나 음악가, 숙련된 외과의처럼 당신의 리더십도 하루아침에 개발되지는 않을 것이다. 그것은 기초를 배우고 행하고 가르치는 것을 반복하는 여정이다. 새로운 사람이 그룹에 참여할 때마다 당신은 더욱 성장하기 위해 노력해야 한다. 그것이 리더십이다.

사람들은 비논리적이고 이성적이지도 않으며
자기중심적이다. 그래도 사랑하라.

선을 행하면, 이기적인 동기가 있었을 것이라
비난할 것이다. 그래도 선을 행하라.

성공하면, 가짜 친구들과 진정한 적을 얻게 된다.
그래도 성공하라.

오늘 행한 선은 내일이면 잊혀질 것이다.
그래도 선을 행하라.

정직과 솔직함은 당신을 쉽게 상처받게 할 것이다.
그래도 정직하고 솔직해라.

생각이 큰 사람은 생각이 작은 사람의 총에 맞아
쓰러질 수도 있다. 그래도 크게 생각하라.

사람들은 약자에게 호의를 베풀지만 강자만을 따른다.
그래도 몇 명의 약자들을 위해 싸워라.

수년간 공들여 쌓은 것이 하룻밤 사이에 무너질 수 있다.

그래도 쌓아라.

사람들은 절실히 도움을 필요로 하지만 막상
도우려고 하면 당신을 공격할 것이다. 그래도 도와라.

당신이 가진 것 중 가장 좋은 것을 세상에 내주면 당신은 이빨을 걷어차일 것이다. 그래도 당신이 가진 것 중 가장 좋은 것을 세상에 주어라.

- Dr. 켄트 M. 키스

꿈의 경기장

언젠가 신문에 미식축구 스타가 되기를 꿈꾸었던 15세 소년의 이야기가 실렸다. 그는 미식축구를 정말 좋아했고 고등학교 팀에서 뛰었다. 하지만 2학년 때 연습 도중 심한 두통이 일어났다. 그의 부모는 염려가 되어 소년을 병원으로 데려갔고 의사는 뇌종양이라는 진단을 내렸다. 더욱이 이미 손을 쓸 수 없을 만큼 전이가 되어 소년은 앞으로 몇 달밖에 살 수 없다는 말을 들었다.

그럼에도 불구하고 소년은 훈련을 했고 전과 똑같이 최선을 다해 연습했다. 부모가 코치에게 의사의 진단 결과를 알리자, 코치는 다음의 큰 경기에서 소년을 선발 쿼터백으로 기용하겠다는 결정을 내렸다.

경기가 있던 날, 소년의 경기에 실망한 어느 학부모가 코치에게 소리를 지르기 시작했다.

"뭐하는 겁니까? 저 아이를 경기에서 빼세요!"

다른 사람들도 그 학부모와 입을 맞춰 소리를 질렀고 코치를 비난했다. 그들의 야유가 심해지자 경기 도중임에도 불구하고 코치는 관중석으로 걸어가 소리를 지르던 한 학부모에게 말했다.

"오늘 이 경기에서 우리가 100대 0으로 지더라도 저는 눈 하나 깜짝하지 않을 겁니다. 저 선수는 오늘 게임에서 경기할 겁니다! 저 아이는 앞으로 6주밖에 살지 못합니다. 오늘 저 아이는 꿈을 이루고 있습니다. 그러니 저 아이의 꿈을 망치지 마십시오."

물론 그 학부모는 전후 사정을 알지 못해 비난을 퍼부은 것이다. 당신의 가족이나 친구 역시 이 사업을 하는 것에 대해 불만을 표시할지도 모른다. 그들은 이렇게 말할 것이다.

"너 뭐 하는 거야? 당장 거기서 나와!"

좋은 의도로 하는 말일지도 모르지만, 그들은 잘못된 정보를 갖고 있거나 당신의 꿈에 관여하지 않아 진실을 모르고 있을 가능성이 크다. 그렇기 때문에 리더는 가끔 당신에게 커다란 비난을 퍼붓는 사람의 멱살을 잡고 이렇게 외치고 싶을 때가 있다.

"이것 보세요, 그는 가슴 속에 고동치는 꿈이 있는 사람입니다.

그를 믿고 그 꿈을 이룰 수 있도록 돕는 사람이 아주 많습니다. 그러니 망치지 마세요. 그의 꿈을 빼앗아 가지 마세요."

 사업을 진행하면서 당신은 다른 사람과 마찬가지로 이 사업을 망치려고 드는 사람이나 상황을 많이 접하게 될 것이다. 그들은 때로 미식축구 경기장에서 소리를 지르던 학부모처럼 몰라서 그럴 수도 있다. 또 어떤 경우에는 의도적으로 그러기도 한다. 이때, 마음의 상처나 실망감이 매우 클 것이다. 그러나 그것이 당신의 꿈을 빼앗아 가도록 허락하지 마라. 당신의 꿈은 충분히 가치 있다.

 솔직히 어떤 사람은 모든 일에 부정적이다. 그들이 무언가를 시도했다가 실패해서 다른 사람이 성공할 수 있다는 것을 믿지 못할 수도 있다. 아니면 어느 순간 꿈을 포기하고 삶의 희망을 잃어버렸기 때문에 다른 사람에 대해 희망적으로 생각하는 능력을 상실했을지도 모른다. 최악의 경우 분노를 잘못 분출해 자신의 기술과 재능을 삶의 질을 높이는 데 사용하기보다 다른 사람이 자신과 같은 수준으로 떨어지도록 만드는 데 쓰는 사람도 있다.
 최근까지도 우리는 그들의 비난을 듣고 보고 접해 왔다. 더욱이 요즘은 인터넷 덕분에 그러한 경향이 더해진 것 같다. 웹상에는 우리 사업과 사업자들에 대한 좋은 점, 나쁜 점, 그리고 거짓말까지 고스란히 드러나 있다. 네티즌들은 인터넷이 주는 익명성을 등에 업고 사업에 피해를 주는 거짓말도 버젓이 하고 있고, 그에 따른 아무런 책임도 지지 않고 있다. 때로는 경제적인 동기부여를 위해 글을 쓰기도 한다. 경쟁사의 자매회사나 공급업체가 쓴 비방의 글도 있다. 혹은 경쟁사가 직접 나서기도 한다.

어떤 기업도 예외는 아니다. 이제 이러한 비방을 접하는 것은 사업의 일부가 되었으며, 정보화시대의 삶의 한 면으로 자리 잡았다.

(Leader Stories) 사업을 처음 시작했을 때, 나에게 이 사업이 안 될 거라고 말했던 사람들이 있었다. 내가 절대로 성공하지 못할 거라는 둥, 미쳤다는 둥, 멍청하다는 둥 온갖 말을 다 들었다. 내가 어느 정도 사업을 키우자, 그들은 더 이상 절대로 성공하지 못할 것이라고 말하지 않았다. 대신 그들은 수입이 어디에서 발생하는지 의심했다. 사실 내 성격에서부터 동기, 가르치는 방법까지 자신의 결정을 정당화할 수 있는 것이면 무엇이든 의심하고 비난했다.

사실 나 자신보다 다른 사람을 탓하기가 더 쉬운 법이다. 한때 가까웠던 사람 중에 내 성공을 탐탁지 않게 여겨 혹은 무슨 이유에서인지 나에 대해 부정적인 소문을 퍼뜨리는 이들도 있었다.

물론 모든 것이 내가 바라는 대로 이루어지면 좋겠지만, 현실은 현실이다. 우리가 통제할 수 있는 유일한 대상은 우리 자신의 행동이며 그러한 실망감이 꿈을 이루고 다른 이들을 돕는 데 걸림돌이 되도록 내버려 둘지 말지를 결정하는 것뿐이다. 어디에 초점을 맞출지는 당신의 결정에 달려 있다.

충고를
받아들이기 전에

다른 사람의 충고를 받아들이기 전에, 먼저 자신에게 다음의 세 가지 질문을 하라.

1. "그들처럼 살고 싶은가?"

그들의 사고방식이 그들의 현재 위치를 만들었다. 따라서 그들의 사고방식을 따른다면 당신도 그들의 자리에 가 있게 될 것이다. 그들의 충고를 받아들이면 그들이 현재 살아가는 모습과 비슷한 삶을 살게 될 것이다.

2. "그들이 나에게 제공하는 것은 무엇인가?"

당신이 성공할 확률이 매우 낮다고 해도 제로보다는 높다. 그들이 당신에게 성공을 이룰 수 있는 다른 방법을 제시하지 못한다면, 입증된 기회와 성공적인 결과가 전혀 기회가 없는 것보다는 낫지 않은가?

3. "나는 왜 믿는가?"

비판적인 사람을 만났을 때 자신의 입장을 굳건하게 지키기 위해서는, 당신이 왜 믿는지를 알아야 한다. 더 다양한 지식을 갖추고 있고 당신이 향하고 있는 곳에 대한 비전이 명확할수록 훨씬 영향을 덜 받을 것이다.

이 책의 정보를 받아들이고 적용하라. 누구에게도 당신의 꿈을 빼앗기지 마라. 당신은 할 수 있다.

7장

Q & A

질문에 대한 답변

반대에 대한 답변

질문에 대한 답변

▶ **답변1** : 질문으로 대응
▶ **답변2** : 답변으로 대응

"뭔데요?"

답변 1 : "네, _____ (당신이 참여한 사업에서 쓰이는 용어) 예요. 그것에 대해 잘 아세요?"

답변 2 : "우리는 사람들에게 재테크를 통해 돈을 버는 방법을 가르치고 있습니다."

【깊이 생각할 점】

이 사업에서 성공하고 싶다면 잠을 자면서도 이 질문에 대답할 수 있어야 한다. 누구에게 사업설명을 하든 이것이 첫 번째로 듣게 될 질문이다. 따라서 적당한 답변을 준비해 두어라.

"그것에 대해 좀 더 말씀해 주실 수 있으세요?"

답변 1 : "그럼요, 당신에게 빌려줄 수 있는 정보를 제가 갖고 있어요. 이번 주에는 무슨 요일에 선약이 잡혀 있으세요?"

답변 2 : "그럼요. 보상플랜에 대한 개요를 제가 갖고 있어요, 제가 들를 때 가져갈게요." 혹은 "세부 사항을 설명해 드리고 싶은데요, 전화로는 혼란만 드릴 수 있어서 당신을 초대하려고 전화한 거거든요. 당신에게 정보를 드리기 위한 미팅이 이미 잡혀 있어요."

【깊이 생각할 점】

이 질문에 집착하는 사람이 있다면 상대방의 관심을 확 불러일으킬 수 있도록 짧고 정확하게 한 문장으로 사업에 관해 설명하면 된다. 간단히 설명한 뒤, 대화의 주도권을 다시 잡기 위해 언제나 "(이러한 사업에 대해) 들어보셨어요?"와 같은 질문으로 마무리한다.

"당신은 돈을 얼마나 벌고 계시죠?"

답변 1 : "당신은 얼마나 벌고 싶으세요?" 혹은 "당신이 돈을 얼마나 벌 게 될지가 중요한가요?"

답변 2 : "저는 이제 막 교육을 받기 시작했는데, ___개월 안에 제 풀 타임 직업의 수입을 대체하겠다는 기대를 하고 있어요." 혹은 "관심을 갖기에는 충분한 정도죠." 아니면 "저보다 먼저 사업을 시작한 파트너와 대화해보시면 좋을 것 같은데요."

"피라미드인가요?"

답변 1 : "무슨 뜻이죠?" 혹은 "피라미드라고요?"

답변 2 : "물론 아니죠. 피라미드는 불법이에요." 혹은 "우리 회사는 검증된 기업이에요. 그 기업들이 불법 피라미드와 사업을 하지는 않죠."

【깊이 생각할 점】

먼저 상대방이 구조에 대해 걱정하는지, 혹은 합법성에 대해 걱정하는 것인지 구분해야 한다. 상대방이 피라미드와 같은 구조에 대해 걱정하는 것이라면, 본인이 현재 일하는 직장을 살펴보도록 하면 좋을 것이다. 사장이 있고 이사회가 있지 않은가? 그들에게 보고하는 부장이 있고 그 부장에게 보고하는 사람도 있지 않은가? 누가 가장 많은 돈을 버는가? 그리고 대부분의 일을 실제로 하는 사람은 누구인가? 가장 아래에 있는 사람들이 사장과 동등하게 돈을 벌 수 있는 기회를 갖고 있는가? 정부는 또 어떤가? 교회는? 심지어 가족 사이에도 순번이 있다. 우리 사업에서는 누구도 직책에 '임명'되지 않는다는 차이점이 있다. 우리의 보상플랜은 모든 사람에게 동등한 기회를 제공하도록 되어 있으며, 구조가 유동적이다. 수익은 사업자 개인이 사업을 진행한 정 도에 따라 지급된다. 더욱 성공적인 그룹을 많이 만들어 언제라도 최고의 성취자 보다 많은 돈을 벌 수 있는 능력은 누구에게나 있다.

"다단계 마케팅인가요?"

답변 1 : "다단계 마케팅을 경험해 본 적이 있으세요?"

답변 2 : "이 사업은 소개를 해주고 돈을 버는 사업입니다." 혹은 "개인 프랜차이즈입니다."

【깊이 생각할 점】

소개로 일어난 구매에 대해 커미션을 지급하는 형태의 마케팅을 '협력 마케팅'이라고 부른다. 기술적으로 따지면 우리 사업의 보상플랜은 다단계 형식이다. 하지만 '다단계'라는 용어는 우리 사업과 조금도 닮지 않은 사업모델을 너무 많이 포함하고 있다. 우리는 비자나 아메리칸에 어라인스, 아마존닷컴같이 협력 마케팅을 하고 있는 잘 알려진 회사들과 비교를 함으로써 시장에서의 위치를 재정립해야 한다.

"다른 곳과 비교해 제품 가격은 어떤가요?"

답변 1 : "다른 곳과 비교라면…?" 혹은 "주로 어디서 쇼핑하세요?"

답변2 : "저는 보통 인터넷 사이트에서 쇼핑하는데 가격 경쟁력이 있는 것 같아요." 혹은 "가격이 경쟁력 없이 비쌌다면 매출을 올릴 수 없었겠죠."

반대에 대한 답변

▶ **답변 1** : 질문으로 대응
▶ **답변 2** : 답변으로 대응

"지금은 너무 바빠서 아무것도 할 수가 없어요."

답변 1 : "수입이 괜찮다면 시간을 낼 수 있겠어요?" 혹은 "지금 무엇을 거절하고 있는지 알아보는 데 30분은 투자할 가치가 있지 않을까요?"

답변 2 : "당신이 얼마나 바쁜지 잘 알고 있어요. 그래서 당신에게 전화를 한 겁니다." 혹은 "당신이라면 소중한 것을 위해서 시간에 우선순위를 정해 볼 가치가 있지 않을까요?" 아니면 "당신이 아는 사람들과 제가 가진 시간, 경험을 합한다면 함께 돈을 벌 수 있을 것 같은데요."

"나는 관심이 없어요."

답변 1 : "무슨 말씀이세요?" 혹은 "어떤 부분에 대해 관심이 없으세요?" 아니면 "____(그들의 꿈)에 대해 관심이 없나요?"

답변 2 : "그거 안 됐군요. 당신이 이렇게 큰 기회를 놓치는 것을 보고 싶지 않거든요."

【깊이 생각할 점】

아직 보지도 않은 것에 관심이 없다는 것은 불가능한 일이다. 그러므로 사업설명을 듣기도 전에 이런 말을 한다면 연막에 불과하다. 연막은 실제 문제를 피하기 위해 사람들이 자주 쓰는 방법이다. 문제는 여러가지가 있을 것이다. 상대방이 당신을 신뢰하지 않을 수도 있고, 당신의 접근 방식을 보고 사업에 대해 결론을 내려버렸을 수도 있다. 사업 아이디어를 살펴볼 만한 이유가 없을 수도 있다. 그 사람이 사업설명을 들었는지와 상관없이 상대방에 대해 더 많은 것을 알아낼 필요가 있다. 상대방은 무엇에 관심이 없다는 것인가? 좀 더 구체적인 정보를 알아낸다면 이 책에 제시된 답변으로 적당한 대응을 할 수 있을 것이다.

"전에 이런 것을 봤어요."

답변 1 : "뭘 보셨는데요?" 혹은 "정말이세요? 어땠어요?"

답변 2 : "저도 그랬어요. 그런데 이 사업에 대한 우리 그룹의 전문적이고 수익성 있는 접근 방식은 보지 못했어요." 혹은 "비슷한 것을 보셨을 수도 있어요. 하지만 지금 우리가 하고 있는 것을 보신다면 사업을 하실걸요?"

"저는 파는 것을 잘 못해요." 혹은 "저는 판매는 싫어요."

답변 1 : "어떤 걸 잘하세요?" 혹은 "어떤 일을 하고 싶으세요?", "판매에서 싫은 점이 어떤 건가요?", "판매에서 어떤 것을 잘 못하세요?"

답변 2 : "좋아요, 그게 당신의 첫 번째 장점이 될 수 있어요."

【깊이 생각할 점】

과거에 제대로 훈련받지 않고 초라해 보이는 판매인을 경험해 판매에 대해 부정적인 느낌을 갖고 있는 사람들은 뭔가를 '팔아야 한다'는 생각에 마음이 돌아선다. 상대방이 좋아하는 일이 무엇인지 알아내 사업을 진행할 때 어떻게 적용할 수 있는지 말해주면 그에 대한 두려움을 없앨 수 있다. 가르치는 것을 좋아하는 사람이라면, 우리는 사람들을 교육한다고 말해주어라. 친구 사귀기와 모임을 즐기는 사람이라면, 우리는 항상 새로운 친구들을 사귄다는 말해주어라. 또한 우리가 그룹으로 일하기 때문에 모든 사람의 독특한 자질이 도움이 된다는 사실을 강조하라.

"지금 당장은 사업할 돈이 없어요."

답변 1 : "돈이 있다면, 지금 당장 사업을 시작하시겠어요?" 혹은 "언제쯤이면 여유가 생기실까요?" 아니면 "지금 교육을 시작해서 시작하는 데 드는 돈을 절약하는 건 어떨까요?"

답변 2 : "등록하지 않아도 사업을 배울 수 있습니다. 정말로 하고 싶다면 친구 한두 명에게 함께 사업설명을 하면 어떨까요? 한번 시도해보고 나중에 등록을 하죠."

【깊이 생각할 점】

솔직히 정말로 하고 싶은 일이 있거나 문제가 발생하면 돈은 구할 수 있다. 자동차 바퀴에 구멍이 났거나 냉장고가 고장 났을 때 우리는 그것을 고칠 방법을 찾는다. 그런데 재정이 고장 날 경우에는 왜 고치지 않는 것일까? 그 사람이 정말로 하고 싶은 말은 이 사업에서 성공할 자신이 없기 때문에 재정을 우선순위로 바꾸고 싶지 않다는 것이다. 상대방에게 사업을 시도해 볼 수 있는 기회를 줌으로써 그 사람의 믿음을 키워준다면 그는 등록에 필요한 것을 구할 것이다.

"배우자가 관심이 없대요."

답변 1 : "당신은 관심이 있으세요?" 혹은 "배우자가 참여하지 않는다고 해도 관심이 있으십니까?" 아니면 "그래도 당신이 사업을 한다고 하면 배우자가 지원해 주지 않을까요?"

답변 2 : "당신의 의도에 대해 대화를 나눠보고 응원해달라고 말해 보는 것은 어떨까요?" 혹은 "배우자에게 사업설명을 합시다. 제대로 알고 결정을 내릴 수 있게 말입니다."

【깊이 생각할 점】

처음부터 이런 반대를 막기 위해 부부에게는 동시에 사업설명을 하라. 모든 부부는 부부관계에 약간씩 문제가 있기 때문에 결정할 때 방해가 된다. 따라서 배우자가 아닌 당신이 정보를 제공하고 질문이나 반대에 대응하는 것이 가장 좋은 방법이다.

"친구 몇 명에게 말을 해봤는데 관심이 없더라고요."

답변 1 : "그들이 관심 없어 하는 것은 어떤 부분이죠?" 혹은 "그 때문에 꿈을 이루고자 하는 욕구에 변화가 생겼나요?"

답변 2 : "어떤 대화를 했는지 말해 주십시오." 혹은 "물론 없겠죠. 당신은 이 사업에 대해 사람들에게 어떻게 말해야 하는지 아직 교육 받지도 않으셨잖아요."

"아는 사람이 많지 않아요."

답변 1 : "성공하는 데 몇 사람이나 알아야 한다고 생각하세요?" 혹은 "제가 많은 사람을 찾는 방법을 알려드리면, 이 사업을 해볼 생각이 있으세요?"

답변 2 : "관심을 보이는 서너 사람만 있으면 성공을 할 수 있습니다."

【깊이 생각할 점】

이 반대는 여러 가지를 뜻할 수 있다. 아는 사람들을 미리 판단해 "관심을 가질만한 사람을 별로 알지 못해요"라는 뜻일 수도 있고, "사람들에게 말하는 것이 편하지 않고 많은 사람에게 말을 걸고 싶은 의지가 없어요"라는 뜻일 수도 있다. 그것도 아니면 실제로 아는 사람이 별로 없을 수도 있다. 어떤 경우든 스폰서가 그들의 성공을 위해 헌신할 것임을 알려주고, 명단작성과 관심 있는 사람들을 찾는 데 입증된 과정을 차근차근 가르쳐주어라.

"제가 할 수 있을지 모르겠어요."

답변 1 : "어떤 걸 잘 모르시겠어요?"

답변 2 : "당신이 잘할 수 있을지는 저도 잘 모르겠습니다. 가르치는 것을 잘 배우는 편이세요? 동기부여는 되어 있나요?

원하는 것을 얻기 위해 기꺼이 일할 의지가 있습니까? 그렇다면 제가 돕겠습니다. 함께 이 사업을 할 수 있을 거라 생각합니다."

【깊이 생각할 점】

상대방이 못하겠다고 생각하는 부분이 무엇인지 구체적으로 알아내는 것이 중요하긴 하지만, 이 반대는 일반적으로 자신의 능력을 믿지 못한다는 것을 뜻한다. 배울 자세가 갖춰진 사람은 누구나 성공할 수 있다는 것을 알려주어라. "제 생각에 당신은 _____" 이라는 문장으로 상대방에 대한 당신의 믿음을 불어 넣고 시스템에 참여시켜 결과를 냄으로써 상대방의 자신감을 키워주어라.

"내가 아는 사람이 이 사업을 했는데 돈을 전혀 못 벌었어요."

답변 1 : "그래요? 어떻게 되었는데요?"

답변 2 : "네, 저도 그런 사람을 알아요. 어디에서나 포기하는 사람은 늘 있죠. 보통 그들은 게으름이나 욕구 부족, 원동력이 부족했던 것을 정당화하기 위해 온갖 변명을 둘러대죠. 당신도 그런가요?"

"모든 미팅에 참석해야 하나요?"

답변 1 : "어떤 것을 성취하고 싶으세요?" 혹은 "미팅 없이 당신의 그룹을 교육할 수 있다고 생각하세요?"

답변 2 : "당신이 뭘 성취하고 싶어 하느냐에 따라 다르죠."

【깊이 생각할 점】

이 사람은 사업자 그룹을 교육해 본 적이 없기 때문에 미팅의 소중함을 아직 모르고 있다. 그러나 그의 사업이 성장하면서 미팅이 그룹 사람들과 연락하고 뎁스를 내려가기 위한 미팅을 정하는데 가장 효율적이며 시간을 절약해 주는 방법이라는 것을 이해하게 될 것이다. 일단 미팅이 재미있고 흥미진진하며 의미심장하다는 것을 깨닫게 되면 미팅에 대한 관점도 바뀔 것이다.

"제가 자료나 책을 사서 갖고 있어야 하나요?"

답변 1 : "자료나 책을 사고 싶으세요?"

답변 2 : "제가 산 자료나 책을 빌려드릴 수 있습니다. 그러나 당신 사업의 볼륨이 점점 커져서 10명, 30명, 50명에게 빌려주기 위한 자료나 책을 사는데 제가 수천 달러를 써야 할 겁니다. 아니면 우리 각자 자기 자료나 책을 사던가요. 어떤 게 더 나은 것 같으세요?"

【깊이 생각할 점】

새로 시작한 사람에게 자료나 책을 몇 가지를 빌려줄 수는 있다. 하지만 그들이 사업을 키우는 데 필요한 자료나 책을 당신이 빌려준다면, 새 그룹을 시작 하기 전에 비용부터 걱정해야 할 것이다. 그뿐 아니라, 사람들에게 자료나 책은 그냥 주면 그들은 가치를 잘 모를 것이고 자신이 직접 구매한 자료처럼 조심해서 다루지도 않을 것이다.

"제가 이 사업에서 성공할 확률은 얼마나 되죠?"

답변 1 : "이 사업 없이 성공할 확률은 얼마나 되십니까?"

답변 2 : "당신이 이 사업에서 성공할 확률은 이 사업을 시작하는 다른 사람들과 같습니다. 평등한 사업이거든요. 이 사업에서의 성공 확률은 당신의 노력 그리고 배우려는 의지와 직결되어 있습니다."

【깊이 생각할 점】

당신에게 이 질문을 하는 사람은 그가 정말로 해낼 수 있을 것 같은지에 대한 당신의 의견을 묻는 것이다. 그는 현실 속에서 일어나는 평균의 법칙을 원하는 것이 아니라 당신의 격려를 받고 싶은 것이다. 실제로 확률은 성공과 아무런 관계가 없다. 자기 행동과 결정은 우연히 발생하지 않기 때문이다.

"성공하는 사람의 퍼센트가 굉장히 낮은 것 같아요."

답변 1 : "무슨 뜻이죠?" 혹은 "왜 그것이 걱정되세요?"

답변 2 : "우리 사업은 모든 사람이 한번에 볼륨을 크게 만드는 것이 아니라 조금씩 볼륨을 확장하도록 되어 있습니다. 확률에 영향을 미치는 '활동하는 사업자'는 소매 판매를 시도하거나, 사업설명을 하거나, 미팅에참석하며, 보너스를 지급받은 경우 중 한 가지 이상에 해당하는 사람인데, 이 사업에서 성공하려면 한 가지 시도 훨씬 이상을 해야 합니다. 그런데도 성공하는 확률이 낮아보이는 이유는 '활동하지 않는 사업자'들이 평균을 크게 깎아 내리기 때문입니다."

"매달 일정량의 제품을 구매해야 합니까?"

답변 1 : "매달 보너스를 받고 싶으세요?" 혹은 "당신의 그룹이 무엇을 복제하면 좋겠습니까?"

답변 2 : "사업자가 되면 일상적으로 사용하는 제품을 구매하면서 혜택을 받습니다. 매달 구입해야 하는 최저 구매가나 최고 구매가는 없습니다. 그러나 당신과 당신의 소비자들이 합쳐서 일정 수준의 볼륨을 달성하면, 당신은 보상받을 자격이 되고 보너스를 받게 될 것입니다."

【깊이 생각할 점】
이 질문을 하는 사람은 필요 없는 제품을 강제로 사야 할지도 모른다는 걱정을 하는 것이다. 필요 없는 물건을 창고에 쌓아둘 사람들을 찾는 것이 아니라는 점을 재확인시켜 주어라.

"저는 늘 코스트코(대형할인점)에서 쇼핑을 했는데요, 어떤 차이가 있죠?"

답변 1 : "코스트코에서 쇼핑하는 사람들에게 돈을 돌려주던가요?"

답변 2 : "전혀 다른 산업 분야에 속한 두 회사를 비교하는 것은 어려운 일입니다. 코스트코는 대기업으로써 소비자가 구매 하는 것으로부터 이윤을 얻습니다. 우리 사업에서는 소비자들이 자신이 구매하는 것으로부터 이윤을 얻습니다."

"제 상사가 트집을 잡을 것 같은데요."

답변 1 : "왜 트집을 잡을까요?"

답변 2 : "이 사업의 어떤 부분에 대해 트집을 잡을지 생각해 보고 해결책을 찾아봅시다."

【깊이 생각할 점】

우리 사업에서 일어나는 행동에 대해 다른 사람들이 싫어할 수 있는 점도 분명히 있을 것이다. 먼저 그 사람이 해결책을 찾고 있는지, 이것을 거절의 핑계로 이용하는 것인지를 알아내라. 진심으로 해결책을 찾는 것이라면 사업을 배우자의 이름으로 등록하고 근무 시간에는 사업 활동을 하지 않도록 제안하라. 그런데도 고용주가 고용인들에게 이익 관계의 마찰을 이유로 추가 수입 추구를 허락하지 않는 경우도 있다. 고용주가 당신 삶의 모든 것을 통제하려는 것은 뻔뻔스러운 행동이다. 그들이 주는 정해진 금액으로 일주일에 7일, 하루 24시간, 365일을 당신이 통제받는 데 동의하라고 강요하는 것이다. 그들은 실제로 당신을 힘껏 부려 먹고 있다. 당신은 그렇게 이용당해도 괜찮은가? 그렇게 묶여서 통제받는다면 당신의 미래는 어떻게 되겠는가?

"이 사업에 대해 부정적인 내용을 담은 미디어 보도를 봤어요/읽었어요/들었어요."

답변 1: "당신이 무엇을 봤는지/읽었는지/들었는지 말해 주세요." 혹은 "당신이 본 것/읽은 것/들은 것이 이 사업에 대한 정당한 평가라고 생각하나요?" 아니면 "당신이 본 것/

읽은 것/들은 것이 당신이 경험한 것과 비슷한가요?"

답변 2 : "어떤 문제에 대해서든 여러 가지 관점이 존재합니다. 저는 만족해하는 수십만 명의 사업자가 공유하는 관점이 가장 합당하다고 생각합니다. 저처럼 당신도 이 사업이 합법적이고 도덕적이며 윤리적이라는 확신을 받고 싶을 겁니다. 제가 100퍼센트 확신하죠. 이 사업은 선하고 진실하고 도덕적입니다. 우리 사업 시스템은 남녀에게 성실성과 훌륭한 품성, 튼튼한 가정과 책임감 있는 재정을 키워가도록 격려하고 있습니다. 저는 이 사업 기회를 누구에게 전달하더라도 '온라인에서 쇼핑하는 사람들의 커뮤니티를 만들고 매출에 대해 돈을 받으십시오'라는 설명 그대로 이 사업이 진행된다는 것을 알고 있습니다."

【깊이 생각할 점】

불행히도 오늘날 대부분의 미디어는 정확하고 편견 없는 정보보다 감정에 기초를 둔 정보를 많이 내보내고 있다. 텔레비전, 라디오, 신문, 잡지, 그밖에 다른 미디어 회사들은 판매 부수와 순위를 올려 광고 수입을 늘리기 위해 감정적인 이야기를 만들어낸다. 이 사업은 구전광고 사업이므로 광고를 하지 않는다. 따라서 미디어의 쉬운 표적이 되곤 한다는 사실을 기억하라.

아무리 질문과 반대에 잘 대응할지라도 모든 사람이 이 사업에 참여하는 것은 아니다.

그들이 사업에 참여하지 않는 것은 그들의 꿈과 결단이 당신처럼 강하지 않기 때문이다. 그리고 그건 괜찮다. 당신에게 필요한 것은 열정이 가득 한 몇 명이 전부이다. 그들이 당신을 기다리고 있다. 각각의 경험으로부터 배울 수 있는 것은 배우고 연습하고 더 나아져라.

나가서 그 사람들을 찾아라!